Andreas Lipinski (Hg.)

WER WERDEN WIR SEIN?

W0073421

Andreas Lipinski (Hg.)

WER WERDEN WIR SEIN?

Über die Zukunft des Menschen

HERDER

FREIBURG · BASEL · WIEN

MIX
Papier aus verantwor-
tungsvollen Quellen
FSC® C083411

Satz: Röser MEDIA GmbH & Co. KG
Herstellung: CPI books GmbH, Leck

Printed in Germany

ISBN Print 978-3-451-06994-9
ISBN E-Book 978-3-451-81953-7

INHALT

EINLEITUNG

Über die Zukunft des Menschen lässt sich nicht viel sagen. In einer hochentwickelten, aufgeklärten und freien Welt glaubt kaum noch jemand ernsthaft den selbsternannten Propheten, Wahrsagern, Kartenlegern und Astrologen. Oder doch? Sind wir heute in der Tat aufgeklärter als traditionelle Gesellschaften vergangener Epochen? Haben Aufklärung sowie fortschreitende Säkularisierung und Entzauberung der Welt durch die Moderne uns neben Wohlstand, Freiheit und steigender Lebenserwartung auch einen Zuwachs an Rationalität und Freiheit des Geistes gebracht? Wie lässt sich dann die Tatsache erklären, dass eine zunehmende Säkularisierung oder Profanisierung der Lebensformen mit einer erstaunlichen Zunahme esoterischer Strömungen einhergeht? Trotz der wachsenden Entkirchlichung, Pluralisierung und Individualisierung religiöser und spiritueller Überzeugungen kommt es zu einem enormen Wachstum neuer Religionsgemeinschaften sowie einer Zunahme außerkirchlicher Formen der Religiosität und Spiritualität. Warum? Drückt sich darin ein tief in unserem Wesen verankertes Bedürfnis aus, die eigene Zukunft zu erforschen? Oder ist es auch die Angst vor dem Ungewissen, vor der eigenen Ohnmacht angesichts der Unvorhersagbarkeit der Zukunft, vor der Vergänglichkeit aller Lebensmühe, aller menschlichen Errungenschaften und letztendlich auch des eigenen Daseins?
Wer werden wir sein? Was kommt auf uns zu? Wie sollen wir die Herausforderungen der unbekannten und unberechenbaren Zukunft bewältigen? Was kommt danach? Ein endgültiges Ende? Ein großes Nichts? Diese „letzten Fragen" lassen uns wie eh und je nicht zur Ruhe kommen, sie bestimmen über unser ganzes Leben, sie sind der Wurm in unserem Herzen, der unser Fühlen und Verhalten beeinflusst, unser Denken und Handeln lenkt und – losgelöst von den gesellschaftlichen, kulturellen, geografischen und historischen Gegebenheiten – uns immer aufs Neue dazu drängt, nach Antworten zu suchen. Müssen wir uns auf dieser Suche im

21. Jahrhundert immer noch auf althergebrachte religiöse Lösungsvorschläge, fragwürdige Methoden spiritueller Gurus oder neue Formen von Bastelreligiosität verlassen? Haben die Erfahrungen der letzten zweieinhalb Jahrtausende uns nicht gelehrt, dass Vernunft, Skepsis, Neugier und rationales Denken die besseren Werkzeuge zur Lösung persönlicher und gesellschaftlicher Lebensaufgaben sind?

Das Menschenbild muss immer wieder neu entworfen werden. Seit Menschengedenken wurde dieses Bild ständig modifiziert und den veränderten Bedingungen angepasst und weiterentwickelt. Diese Aufgabe stellt sich für unsere postmoderne Welt mit ihrem nie dagewesenen Veränderungstempo gesellschaftlicher Werte und Strukturen in einer beängstigenden Dringlichkeit. Sollten wir angesichts einer in der Menschheitsgeschichte völlig neuen Qualität von zivilisatorischen Herausforderungen nicht auf die zuverlässigen Werkzeuge setzen, die uns geschichtlich betrachtet einen Entwicklungsstand gebracht haben, von dem die vorangegangenen Generationen nicht einmal zu träumen wagten? Diese Werkzeuge sind die Grundlage von Wissenschaft, womöglich der größten Errungenschaft unserer Spezies. In ihrem unermüdlichen Bemühen, die Rätsel des Lebens zu lösen, bietet sie uns vielleicht keine Garantie dafür, die endgültigen Antworten zu liefern, aber durch ihre Fortschritte und Teillösungen stärkt sie unser Selbstbewusstsein und verleiht uns die Hoffnung, nach und nach ein immer besseres Menschenbild zu entwerfen.

Es geht nicht darum, Wissenschaftler zu neuen Wahrsagern und Propheten zu erklären. Der Kern des wissenschaftlichen Ansatzes ist eben nicht die Erwartung, endgültige Antworten zu finden und die absolute Wahrheit zu entdecken. Ihre Methode ist eine nie endende Untersuchung des bereits Entdeckten, das In-Frage-Stellen des einmal Festgestellten, die wiederholte Überprüfung des vermeintlich Sicheren. Es ist der endlose Weg, auf dem wir uns dem Ziel nur nähern können, auf dem wir unsere Ungewissheit und unsere Ängste immer nur teilweise überwinden werden.

Die vorliegende Sammlung von Fragen und wissenschaftlich fundierten Antworten aus ausgewählten Bereichen des endlosen Spektrums unseres Lebens ist nur ein kleines Abbild dessen, was uns bewegt und was uns Sorgen bereitet. Sie zeigt, wie wir uns neu zu erfinden versuchen und wie viel wir – dank unserer Fähigkeit, wissenschaftlich zu denken und zu handeln – bereits erkannt und, bei allen immer noch vor uns liegenden Schwierigkeiten, vieles schon ganz vernünftig gelöst haben. Einer der größten Vorzüge der Wissenschaft besteht in ihrer Bereitschaft, eigene Erkenntnisse infrage zu stellen, aus Fehltritten zu lernen, nach Auswegen aus Sackgassen zu suchen und sich immer wieder auf neue Pfade zu begeben. Die Entwicklung der menschlichen Zivilisation, und somit auch der Wissenschaft selbst, verläuft nicht geradlinig, Misserfolge, Irrwege und regressive Phasen sind in diesem Prozess vorprogrammiert. Die wissenschaftliche Methode aber ist das im Moment einzige uns bekannte, zuverlässige Mittel, aus diesen Rückschritten zu lernen und die künftige Entwicklung in eine humane und lebensbejahende Richtung voranzutreiben. Je mehr Menschen den Schatz der wissenschaftlichen Erkenntnisse zu würdigen wissen, je öfter und verständlicher Wissenschaftler die Früchte ihrer Arbeit der breiten Öffentlichkeit zugänglich machen, umso größer ist die Chance, dass wir angstfrei in die Zukunft blicken werden.

„Wie wollen wir Leben?" lautet eine der wichtigsten Fragen in diesem Buch. Die Antwort auf diese Frage sollte jeder aufgeklärte und selbstdenkende Bürger unserer globalisierten Welt für sich selbst finden. Die Wissenschaft liefert uns Ansatzpunkte und Erklärungen für die bisher erforschten und erkannten Prinzipien der Natur und unseres Zusammenlebens. Ob wir diese wertvollen Erkenntnisse annehmen und daraus einen Nutzen für uns sowie unsere Mitmenschen und unsere Umwelt gewinnen, liegt an jedem Einzelnen von uns. Die Antworten auf die letzten Fragen, die die Menschen seit ihren dunkelsten Ursprüngen in Religion, Magie und Esoterik gesucht haben, wird uns die Wissenschaft womöglich niemals liefern können. Genauso wenig wird sie uns wahrscheinlich auch bei der Frage „Wer werden wir sein?" helfen. Sie kann aber vielleicht all diese offenen Fragen erträglicher erscheinen lassen. Sie kann uns die Angst nehmen, sich mit den Ungewissheiten und unlösbaren Aspekten des Lebens auseinanderzusetzen. Die Wissenschaft kann uns zum autonomen Denken anregen, unser Verantwortungsbewusstsein stärken und uns zu aktiven Mitgestaltern der unbekannten Zukunft des Menschen machen.

Andreas Lipinski
Glinde, Januar 2020

WER SIND WIR?
UNSERE WELT HEUTE

Gesellschaft der Angst

Heinz Bude

· · · · · · · · · · · · · · ·

Herr Bude, Angst verbindet Menschen aus allen Kulturen und Schichten, sie ist eine Urkraft, die uns ein Leben lang in unzähligen Situationen und unter verschiedenen Namen begleitet. Sie sprechen von einer „Gesellschaft der Angst", heißt das, dass der moderne, im Wohlstand und in einer nie dagewesenen Sicherheit lebende Mensch mit diesem Grundgefühl nicht mehr umgehen kann?

Meine Analyse einer „Gesellschaft der Angst" beschäftigt sich mit den Veränderungen der letzten 40 Jahre in allen westlichen Gesellschaften. Ich spreche von der Periode des Neoliberalismus. Das wirklich Wichtige und Neue daran – dazu gehört auch der Umbruch von 1989 – war die Entdeckung der Möglichkeit, dass Einzelne etwas bewirken können. Die Entdeckung des Individuums als Akteur. Die 1970er Jahre, gewissermaßen die Post-68er-Zeit, waren durch den Diskurs von den Grenzen des Wachstums gekennzeichnet. Die Wirtschafts- und Sozialpolitik stellte sich auf Sockelarbeitslosigkeit ein, die Staatsverschuldung wuchs; und die Linke verirrte sich im Terrorismus. Aus diesem Dunkel tauchten Ronald Reagan und Margaret Thatcher auf und behaupteten, es gehe keineswegs etwas zu Ende, es beginne sogar etwas ganz Neues. Für meine Generation war das eine wichtige und befreiende Zeit gewesen, in der wir die Erfahrung machten, dass Individuen etwas bewirken können.

Diese Zeit hätte dann eher eine angstfreie Gesellschaft hervorbringen müssen ...

Der Slogan des Bruchs zur Musik des Punks hieß „No Future". Das war positiv gemeint. Wenn es schon keine Zukunft für uns gibt, dann können wir doch gerade jetzt etwas bewirken. Meine Generation experimentierte angeleitet vom „Franzosengemurmel" (Rainald Goetz) das „Patchwork der Minderheiten", das rhizomatische Denken und den Anti-Ödipus. Das Verrückte ist nur, dass sich diese ungemeine soziale Lockerung in der Idee des starken Ichs verfestigt hat. Das Bild des effektiven Individuums, das selbst etwas bewirken kann, hat sich mit der Zeit zu der Vorstellung entwickelt, dass dieses Ich alles für sich machen kann und niemand anderen mehr braucht.

Das starke Ich der 1980er Jahre lebte aber auch von einem Wir-Gefühl ...

Ja, damals fanden sich viele Individuen zusammen und haben etwa in Berlin gemeinsam Häuser besetzt, es hat dem Einzelnen ein unglaublich intensives Gefühl von Stärke vermittelt. Dann allerdings, in den „roaring nineties" (Joseph Stieglitz) verabsolutierte sich dieses starke Ich und entwickelte immer mehr die Überzeugung, es brauche die anderen nicht mehr. Es wird dies sehr deutlich an der veränderten Bedeutung von Solidarität. Plötzlich wandelte sich das Verständnis der Solidarität von einem Zusammenhalt vieler zum Inbegriff dessen, was nur die Bedürftigen nötig haben. George W. Bush nannte es die „ownership society" – ich bin mein Eigentum und sorge selbst für mich. Diese Lebensphilosophie des potenten Ichs ist nun in eine massive Krise geraten. Und genau hier liegt auch der Ansatzpunkt der von mir thematisierten Gesellschaft der Angst – dieses ehemals starke Ich entdeckt in seinem kaschierten Inneren das Gefühl der Angst.

Der klassischer Angst-Typ soll männlich und ein sozialer Aufsteiger sein. Wovor hat er genau Angst? Und haben Frauen weniger Angst?

Wir befinden uns jetzt nicht mehr in einer Gesellschaft, wo es darauf ankommt, in die Hände zu spucken. Das Ich ohne Geschlecht will heute Optionen bewahren, Szenarien bedenken und Möglichkeiten ausspielen. Dabei bekommt es mit drei Formen sozialer Angst zu tun. Die erste ist die Angst, etwas Wichtiges zu verpassen. Auf Englisch „The Fear of Missing out". Die zweite Form, die gerade in reichen Gesellschaften mit vielen Lebenschancen eine große Rolle spielt, ist die Angst, nicht zu genügen, nicht über die erforderlichen Kompetenzen und Ressourcen zu verfügen, nicht genügend Mut zu haben. Und schließlich die dritte Art der Angst, die im gleichen Maße beide Geschlechter trifft, ist die Angst, sich selber zu verfehlen und ein falsches Leben zu führen. Der klassische männliche Angst-Typus war charakteristisch für die Nachkriegszeit, er war ständig der unmittelbaren Konkurrenzsituation ausgesetzt und musste sich in konkreten Lebenslagen durchsetzen. Der heutige Angst-Typ ist viel passiver, viel elastischer und viel kommunikativer. Die Angst, sich nicht durchsetzen zu können, ist durch die Angst, den Anschluss zu verlieren, ersetzt worden. Das gilt gleichermaßen für die Männerwelt wie die emanzipierte Frau von heute.

Ist die so oft zitierte soziale Spaltung, die Gewinner und Verlierer hervorbringt, nicht die größte Angstquelle in den westlichen Gesellschaften?

Das glaube ich schon. Einerseits gibt es in den hochentwickelten Ländern, wie Deutschland, sehr viele Menschen, die sogenannte „lovely jobs" haben, die gut verdienen, eine hohe Wertschätzung erfahren und in ihrem Beruf eine große Selbstwirksamkeitserfahrung erleben. Aber nur solange sie etwas bringen, selbstbewusst daherkommen und unter der Kollegenschaft anerkannt sind. Auf der anderen Seite der Straße leben die Leute mit den „lousy jobs", sie arbeiten viel und hart für wenig Geld und müssen sich bei ihrer Arbeit dem Diktat von Watchdogs mit BA-Abschluss fügen. Die Polarisierung zwischen den beiden Arbeitswelten hat in der letzten Zeit deutlich zugenommen und ist zu einer gewaltigen

Angstquelle geworden. Es ist nicht mehr sicher, ob man mit einem Hochschulabschluss einen „lovely job" bekommt oder sich mit einem „lousy job" im Bildungs- und Sozialwesen zufriedengeben muss. Gleichzeitig machen Studienabbrecher mit postkonventionellen Lebensläufen nicht selten mit cleveren Ideen oft so großes Geld, dass sie sich als „Exit-Kapitalisten" mit Mitte vierzig in ein schönes Leben verabschieden können.

Die Angst der Verlierer ist verständlich, sie fühlen sich oft gekränkt und haben reale Existenzsorgen. Aber warum haben auch die Gewinner Angst? Sind deren Ängste nicht herbeigeredet und unbegründet?

Gewinner haben etwas zu verlieren. Denken Sie nur an die digitalen Expertensysteme, die enorme, heute noch nicht absehbare Folgen für Rechtsanwälte, Steuerberater, Versicherungskaufleute, Bankangestellte und ähnliche Berufe haben werden. Dadurch entsteht eine schleichende Ungewissheit in vielen Lebensbereichen und Berufsfeldern, die bis vor kurzem noch als relativ sicher und gehoben gegolten haben. Die Digitalisierung und auch die mit der fortschreitenden Globalisierung verbundenen Veränderungen des weltweiten Handels, die von Ökonomen als „China-Schock" bezeichnet werden, nähren Ängste in der Komfortzone unserer Gesellschaft.

Sie schreiben, dass wir eine neue Erfolgskultur brauchen, die die Gewinner prämiert, dabei aber auch die Verlierer achtet und nicht herabwürdigt. Wie soll diese Idee unter den veränderten Bedingungen verwirklicht werden? Ist der soziale Fahrstuhl heute überhaupt noch anwendbar?

Das Hauptproblem in allen westlichen Gesellschaften besteht darin, dass es für die Mehrheit der Bevölkerung keine gemeinsamen Botschaften mehr gibt. Den Volksparteien scheint das Volk verloren gegangen zu sein. Solche Botschaften müssten alle einschließen, die Erfolgsverwöhnten wie die Schutzsuchenden, die Statussucher wie die Statusfatalisten, die etablierte „Mehrheitsklasse" (Ralf Dahrendorf) wie die sich etablierenden Zuwanderer und zurückgefallenen Einheimischen. Das Geheimnis von Donald Trump resultierte in erster Linie daraus, dass er auf eine Mehrheit gesetzt hat und nicht, wie Hillary Clinton, auf eine Addierung von Minderheiten. Das Aufzählen von vielen Interessengruppen und deren unterschiedlichen Bedürfnissen und Forderungen trägt eher zur Steigerung der Angst in der Bevölkerung bei.

Wie würde eine solche gemeinsame Botschaft heute lauten?

Für Deutschland wäre die Botschaft meiner Ansicht nach relativ klar. Wir befinden uns am Ende eines relativ langen Zyklus der allgemeinen Mehrung von Prosperität. Die letzten zehn Jahre waren für Deutschland geradezu das Paradies. Wir sind in wirtschaftlicher Hinsicht am besten von allen OECD-Ländern aus der Krise von 2008 herausgekommen. Jetzt neigt sich diese Periode aber dem Ende zu, die meisten spüren es und sehen keine konkreten Umrisse dessen, was auf uns zukommt. Wir sollten uns jetzt überlegen, was wir tun müssen, damit das Land wieder Boden gewinnt.

Die in Deutschland immer noch sehr stabile gesellschaftliche Mitte wird besonders stark von Ängsten geplagt. Wie soll das von Ihnen postulierte „Leitbild für die Mitte" aussehen, das vermittelnd und ausgleichend zwischen den verschiedenen Milieus dieser Schicht wirken würde?

Es ist überhaupt nicht leicht, ein solches Leitbild zu entwerfen. Ich glaube, einer der wesentlichen Aspekte dieses Entwurfs ist die Solidarität. Mein Buch über die Solidarität ist gewissermaßen die Antwort auf das Buch über die Angst. Solidarität ist das Beste, vielleicht sogar das einzige Mittel gegen Verbitterung. Momentan ist es allerdings sehr schwierig, eine breite Solidarität anzusprechen, weil sie sich auf keine gegebene Kollektivität stützen kann. Der alte Solidaritätsbegriff der Arbeiterbewegung, der auch bei der polnischen Solidarność eine große Rolle gespielt hat, drückte die Gemeinsamkeit derer aus, die unterdrückt und ausgebeutet werden oder deren Stimme nicht zählt. Man half sich gegenseitig und stärkte sich im gemeinsamen Kampf gegen die Klasse der Herrschenden.

Damals entstanden das Solidaritätsgefühl und der daraus resultierende Widerstand aus der bewusst wahrgenommenen Unzufriedenheit und der inneren Rebellion gegen Unterdrückung und Ausbeutung. Die Angst der heutigen Gesellschaft dagegen ist angesichts der „glänzenden Wirklichkeitsoberfläche" sehr diffus und lähmend ...

Daher gibt es heute für das starke, aber verängstigte Ich, das sich selbst nicht mehr traut, nur eine Botschaft: Schutz finden wir nur gemeinsam, denn die anderen haben genauso Angst wie du selbst. Solidarität ist nicht nur etwas für die anderen, die sich nicht selbst helfen können, sondern die Grundlage eines Lebens in wechselseitiger Abhängigkeit. Es ist besser, sich abhängig zu machen, als sich von der schwer zu begreifenden Angst um das eigene Leben lähmen zu lassen.

Sollte hier nicht eher die Psychologie nach einer Lösung suchen?

Es steckt sicherlich auch viel Psychologie in dieser Problematik, allerdings ist das in erster Linie eine politische Frage. Es ist ähnlich wie mit den Herausforderungen des Klimawandels – alleine kann man für die eigenen Kinder und Enkel nichts ausrichten, man muss sich schon mit anderen zusammenschließen, um nachhaltige Lösungen zu entwickeln. Weil wir aufeinander angewiesen sind, können wir uns retten.

Keine leichte Aufgabe für einen angstgeplagten Menschen, sich freiwillig von anderen abhängig zu machen. Ist es nicht

auch die Aufgabe des Staates, seinen Bürgern die Angst zu nehmen oder sie zumindest zu mildern?

Natürlich hat der Staat die Verpflichtung, seinen Bürgern zu helfen. Die Politik kann den Menschen die Angst nicht nehmen, sie kann ihnen jedoch die Angst vor der Angst nehmen. Das ist gerade heute auch deswegen enorm wichtig, weil die Kritik des starken, auf sich gestellten Ichs hauptsächlich von den Rechtskräften geäußert wird. Die Rechten nehmen das Thema des Schutzes auf und postulieren eine Solidarität, die allerdings sehr exklusiv und immer gegen „die Anderen" gerichtet ist. Diese Botschaft ist zurzeit wahnsinnig attraktiv.

Sie kann aber auch kein nachhaltiges Mittel gegen die Angst sein – die ständige Abwehrhaltung gegenüber „den Anderen" wirkt sicherlich wenig befreiend ...

Deshalb darf man Bürgerinnen, die nach rechts schielen, nicht entgegnen, sie sollten selbst zurechtkommen. Das ist völlig naiv und bedeutet ein Weglaufen vor der eigentlichen Problematik. Zu der Idee des starken Ichs gehört auch die Vorstellung, dass die Welt das Resultat meiner Entscheidungen und meiner Wahlen ist. Die Wirklichkeit sieht aber anders aus, sie ist voller Probleme und stellt Forderungen an uns, die wir sehr oft nicht selbst wählen und nicht alleine lösen können. Diese Erkenntnis bedeutet für die Generation, die in den letzten vierzig bis fünfzig Jahren herangewachsen ist, eine enorme Enttäuschung und bringt sie völlig durcheinander. Sie zeigt aber die ganze Wahrheit über den Menschen.

Der indische Philosoph Shankara schrieb, dass die richtige Unterscheidung uns das wahre Wesen eines Seins erkennen lasse und die quälende Angst vor der Wirklichkeit vertreibe. Lässt sich die „richtige Unterscheidung" im Laufe des Sozialisationsprozesses durch Erziehung und Bildung erlernen und steigern?

Ich glaube, das kann eine trügerische Hoffnung sein. Von dem englischen Psychoanalytiker Donald W. Winnicott habe ich den Gedanken, dass die Fähigkeit, allein sein zu können, die Voraussetzung dafür ist, für andere Sorge tragen zu können. Einsamkeit ist nicht nur die andere Seite der Freiheit, sie ist auch die Voraussetzung der Solidarität. Die Bildung zur Solidarität würde dann in der Kunst der Einsamkeit fußen. Wie das in Bildungsprozessen ermöglicht werden kann, ist nun zu bedenken. Sicher nicht so, dass man in den Bildungsinstitutionen Räume der Sicherheit schafft, die einen davor bewahren, sich mit sich selbst zu konfrontieren.

Fehlt dem modernen Menschen nicht der lange und beschwerliche Weg der Selbstwerdung, der in Bildungsromanen beschrieben wird, und der zum Finden der eigenen Lebensperspektive führen sollte?

David Riesman, Reuel Denny und Nathan Glazer haben in ihrem Klassiker „Die einsame Masse" dargelegt, dass das Modell des Bildungsromans nicht mehr funktioniert. Das war etwas für den „innengeleiteten Charakter" der klassischen Moderne, der sich mit einem inneren Kreiselkompass durch eine Welt sich öffnender Horizonte bewegt. Der „außengeleitete" oder auf Englisch besser: „other-directed character" orientiert sich in erster Linie an den anderen. In einer zusammengeschrumpften Welt, in der die zwischenmenschlichen Verflechtungen dichter und unausweichlicher werden, muss man sich flexibel im Wechsel der Situationen zeigen und zu Rollenübernahmen und Kompromissen in der Lage sein. Wir sind nach Riesmans Ansicht heute zuerst Radarmenschen. Wir denken durch den Filter der Anderen und lassen uns von deren Wünschen und Vorstellungen tyrannisieren. Die Hölle, so Sartre, sind die andren. Die Anderen sehen alle besser aus, sie sind schlauer und kommen im Leben besser zurecht. Wie stehe ich denn da, was habe ich zu bieten, wo fühle ich mich mit mir selbst identisch? Heute wird dieses Gefühl durch die sozialen Netzwerke ins Unermessliche gesteigert.

Angstbewältigung durch Perspektivübernahme und Vergleich mit anderen ist eine Sackgasse, so ähnlich wie bei Glück – wir glauben immer, dass die anderen glücklicher sind als wir, und dadurch sind wir noch weniger glücklich ...

Nicht jede Form des Vergleichens, auch auf der materiellen Ebene, macht uns automatisch weniger glücklich. Ohne Vergleiche mit anderen würden wir keinen Platz im Leben finden, wichtig ist dabei nur, dass wir den Boden nicht verlieren. Dem Soziologen Niklas Luhmann zufolge setzt sich jede Identität aus Negationen zusammen. Ich bin nicht so, ich bin keiner, der dieses oder jenes braucht, der diese Filme guckt oder immer nur die neusten Autos fährt. Allerdings, wenn uns irgendwann jemand die Frage stellt: „Wer bist du denn eigentlich?", kann man darauf nur mit einer Tautologie antworten: „Ich bin ich." Und es ist wahnsinnig schwierig, sich dessen innezuwerden, was das heißt.

Ist es nicht verständlich, dass in einer Gesellschaft der Angst überwiegend solche Umgangsformen und Verhaltensweisen vorherrschen, die dem gegenseitigen Trösten, Helfen, aber auch der Verdrängung unserer Verletzlichkeit und Endlichkeit dienen?

Hier ist noch ein historischer Kontext von Bedeutung. Die Generationen der Weltkriegsteilnehmerinnen hatten als Überlebende und Davongekommene 1945 das Gefühl, nach Weltkrieg und Völkermord das Schlimmste hinter sich zu haben. Jetzt konnte es nur noch besser werden. Heute liegt das vorstellbar Schlimmste nicht hinter uns, sondern vor uns. Darauf sind die Generationen mit den vermeintlich postmaterialistischen Wertorientierungen gar nicht vorbereitet. Deshalb schlägt die Erkenntnis eines unausweichlichen Klimawandels für eine Generation, die in den letzten zehn Jahren Zeuge einer hohlen Gesellschaftskritik gewesen zu sein glaubte, so sehr zu.

Die gegenwärtige Kultur der Angstbewältigung ist überwiegend auf Konsum und einem immer schnelleren Rhythmus der Befriedigung von Wünschen und künstlich erzeugten Bedürfnissen aufgebaut. Diese von Harmut Rosa als „rasender Stillstand" bezeichnete Lebensart scheint eine Sackgasse zu sein ...

Es gibt auch einen weiteren Gedanken von Hartmut Rosa, der für diese Frage sehr wesentlich ist, nämlich den Begriff der Unverfügbarkeit. Und zwar nicht so sehr als ein Begriff, der Angst macht, sondern Sehnsüchte mobilisiert. Das Verfügbare macht uns unruhig und nervös, das Unverfügbare dagegen lässt einen zur Ruhe kommen. Daher wird in der Welt des Überflusses die Sehnsucht nach Unverfügbarkeit immer größer. Deshalb ist Heimat für viele aus dem aufgeklärten und liberalen Lager wieder ein besetzbarer Begriff geworden. Das ist als Restauration und Regression missverstanden worden. Heimat ist der unverfügbare Ort, den man nicht einfach wählen kann. Der Begriff der Heimat hält die Frage nach dem Herkommen und Ankommen offen.

Man könnte glauben, die eigentliche Lebensaufgabe des Menschen besteht darin, sich Schritt für Schritt mit Dingen und Erkenntnissen abzufinden, die alles andere als erfreulich sind.

Das ist richtig, allerdings bin ich kein Anhänger des Quietismus oder der buddhistischen Einstellung, wonach wir lernen sollten, von allem loszulassen, im Sinne einer Verneinung dieser Welt. Ich glaube, dass es wichtig ist, die Welt wirken zu lassen, so wie sie ist, und der Angst nicht mit Zurückgezogenheit und Neutralisierung der Welt zu begegnen. Das wäre eine Flucht vor Herausforderungen und vor der Angst selbst.

Die Sehnsucht nach etwas Unverfügbarem ist auch eine Sehnsucht nach Verbundenheit, nach stabilen, unkündbaren Beziehungen, von denen es in unserer schnelllebigen

Welt immer weniger gibt. Kann die Soziologie auf diesem schwierigen Feld hilfreich sein?

Der heutige, wenn Sie so wollen, unverkrampfte Begriff von Verbundenheit ist Freundschaft. Umfragen aus unterschiedlichen Ländern bei Menschen im Alter von zwanzig bis 25 Jahren belegen, dass der wichtigste Wert für diese junge Generation weder Geld noch Erfolg oder Glück ist, sondern Freundschaft. Es stellt sich natürlich die Frage, was Freundschaft eigentlich meint. Meine Antwort lautet: Freundschaft ist die selbst gewählte Abhängigkeit. Von einer Freundin oder von einem Freund mache ich mich abhängig aus eigenem Entschluss. Insofern hängen Freundschaft und Angst auch sehr eng zusammen. Der Philosoph Jacques Derrida war sogar der Meinung, dass man Angst durch Freundschaft „zivilisieren" könne.

Es bleibt allerdings offen, ob diese Beziehung unkündbar ist?

Natürlich ist auch eine Freundschaft kündbar. Allerdings nur mit einem großen emotionalen Aufwand. Freundschaft beinhaltet auch Momente, die nicht nett und friedlich sind, es ist aber gerade das, worin sie sich bewährt. Freundschaft ohne Bewährung ist nicht denkbar, durch die Bewährung mache ich mich abhängig von jemandem, der einen Anspruch auf mich hat. Wenn ich diesen Anspruch verweigere, ist es keine Freundschaft mehr. Schwierig wird es dann, wenn aus Freundschaft eine Beziehung wird, aus der zum Beispiel Kinder hervorgehen – dann kommt eine Verpflichtung ins Spiel, die diese Beziehung gewissermaßen unkündbar macht und die Freundschaft idealerweise in Liebe überführt.

Wie kann die Kraft der individuellen Freundschaft auf der Ebene der Makrosoziologie „eingesetzt" werden und dazu beitragen, dass die ganze Gesellschaft weniger ängstlich wird?

Wir kennen den Begriff der Völkerfreundschaft. In der Wirklichkeit des ehemaligen Ostblocks war das ein Trick des herrschenden Regimes, aber er enthielt trotzdem einen wahren Kern. Auch auf dieser Makroebene ging es um die gegenseitige Abhängigkeit. Das internationale politische System von heute besteht ebenfalls darin, dass einige Länder sich voneinander abhängig machen wollen und andere eben nicht, das ist das Geheimnis der komplizierten Multilateralität.

Bringen politische Debatten über das Thema Angst überhaupt etwas, wenn es doch recht schwierig ist, Angst mit rationalen Argumenten zu entkräften?

Die Politik ist selten rational, sie wird selbst auch von der Angst getrieben. Ich meine das jetzt nicht im Sinne einer manipulativen Politik der Angst. Viele aus dem politischen Apparat fragen sich verzweifelt, warum die Rechtspopulisten plötzlich so gute Wahlergebnisse erzielen und was das mit dem Zustand unsrer Gesellschaft zu tun hat. Die Zusammenhänge und Hintergründe sind viel zu kompliziert, als dass man sagen könnte, dass Politiker immer mit der Angst der Wähler spielen. Viktor Orbán würde nicht sagen, dass er die Angst ausnutze, sondern dass er eine andere Vorstellung von Gesellschaft habe als die Leute, die er bekämpft.

Wie kann die Politik die Menschen sonst noch erreichen?

Im Augenblick wird von der Politik für alle Probleme eine Superstrategie vorgeschlagen: „Man muss den Menschen zuhören." Man reagiert damit auf Klagen aus dem Publikum, dass man mit seinen Anliegen kein Gehör bei den politischen Akteuren finde. Ich glaube dagegen, dass es keinen Sinn hat, allen zuzuhören und immer darauf einzugehen. Die Politik basiert eben auch darauf, dass manche nicht gehört werden und ihre eigenen Ängste aushalten müssen. Diese Ängste kann man den Leuten eher dadurch nehmen, dass man sie fragt, was sie selbst beizutragen hätten. Ein gutes Beispiel dafür ist die Spannung, die zwischen Ostdeutschen und Westdeuten dreißig Jahre nach dem Mauerfall deutlich zu konstatieren ist. Es wird nie so sein, dass sich die Lebensverhältnisse zwischen Parchim in Mecklenburg und Ratingen im Rheinland angleichen werden. Das wissen alle Beteiligten, und es fragt sich, was da immerzu zu bereden sein soll. Man braucht eine dritte Perspektive jenseits der unleugbaren Diskrepanzen zwischen Ost und West, die einen gemeinsamen Bezugspunkt darstellt. Was haben wir gemeinsam zu bewältigen und was haben die Leute in Parchim und was die in Ratingen dabei für eine Rolle zu spielen?

Die Selbstwirksamkeit des Einzelnen ansprechen?

Ja, aber so, dass Selbstwirksamkeit in Sozialwirksamkeit umgeformt wird. Die Selbstwirksamkeit an sich ist eine gefährliche Formel, die allein darauf abgestellt ist, wie die einzelne Person einen Sinn ihres Wirkens erfahren kann. Dabei wird jedoch außer Acht gelassen, dass das Individuum immer nur als Teil eines überindividuellen Zusammenhangs wirksam werden kann. Es sind die anderen, die es mir bewusst oder unbewusst ermöglichen, ich selbst zu sein. Aber wenn ich nichts einbringe, sitzen auch die anderen auf dem Trocknen. Wem dann was zusteht, ist freilich nicht von vorneherein ausgemacht.

Den Menschen in Brandenburg würde vielleicht schon das Gefühl reichen, dass die Früchte einer sinnvollen Arbeit ihnen Sicherheit und ein Mindestmaß an Wohlstand ermöglichen.

Darauf haben sie selbstverständlich ein Anrecht. Aber es geht im Ost-West-Vergleich in Deutschland nicht um Mindestmaße, sondern um gerechte Anteile. Was gerecht ist, hängt zuerst von der Anstrengung ab, aber immer auch von kontingenten, das heißt historischen Bedingungen, für die niemand verantwortlich ist.

Die Infrastruktur und die Mittel für die soziale Selbstverwirklichung sollte aber schon die Politik stellen?

Die Mittel sind da, auch in Ostdeutschland. Die finanzielle Ausstattung der privaten Haushalte ist in den neuen Bundesländern
wegen der höheren Erwerbstätigkeit von Frauen sogar besser als
im Westen. Die entscheidende Frage ist hier indes nicht die nach
den Anrechten oder den Optionen, sondern, wie der späte Dahrendorf herausgearbeitet hat, die nach den Bindungen. Früher
war die gemeinsame Arbeit auf dem Acker oder, insbesondere in
den sozialistischen Ländern, in der Fabrik der Kern der Vergesell-
schaftung. Das ist heute nicht mehr der Fall, daher geht die Suche
nach dem Gefühl des Zusammenwirkens andere Wege. Für viele
ist es das Zusammensein im Netz, was aber nicht unbedingt ein
Weg zur sozialen Selbstverwirklichung ist.

Ist die Welt des Internets auch gefährlich?

Neben manchen Gefahren und negativen Seiten der digitalen
Welt sehe ich einen Aspekt uneingeschränkt positiv: Das Netz
kann nämlich Beziehungschancen aufrechterhalten. Wenn man
über soziale Netzwerke einmal mit einem Menschen in Kontakt
getreten ist, kann dieser Kontakt auch noch nach Jahren wieder-
belebt werden, er ist nicht legitimationsbedürftig. Das ist neu, und
darin sehe ich einen Vorteil, bei einem realen Kontakt bedarf es einer Begründung, warum ich mich zwei Jahre lang nicht gemeldet
habe. Die Frage ist natürlich, ob man in der Lage ist, zwischen dem
virtuellen und dem realen Leben zu unterscheiden. Ich glaube,
dass die *digital natives* es mittlerweile recht gut können, allerdings
sehe ich auch die Gefahr, dass, wenn das Reale zu gefährlich wird,
die Menschen allein im Virtuellen bleiben und nach Belieben un-
bequeme Situationen oder andersdenkende Menschen aus ihrem
Leben streichen können. Ich bewerte allerdings die Gefahr nicht
so groß wie die allermeisten, die virtuelle Welt ist voller Chancen,
wir dürfen nur nicht vergessen, dass die Unterscheidung zwischen
den beiden Welten immer wichtiger wird.

Steigert das Abstrakte und Unberechenbare der digitalen Welt die gesellschaftliche Angst?

Die digitale Welt lebt von der Vorstellung, dass nichts so ist, wie es erscheint. Man kann das leicht bestätigen, wenn man einer womöglich üblen Beschimpfung in einem sozialen Netzwerk auf den Grund geht. Die um Begründungen ihrer ehrabschneidenden, verunglimpfenden oder gewalttätigen Äußerungen angegangenen Übeltreter erwidern oft, das sei doch alles nicht so gemeint gewesen. Man sagt etwas und behauptet auf Nachfrage, etwas ganz anderes zu meinen. Die Virtualität erlaubt dem einzelnen User eben nicht nur unbeschwerten Experimentalismus, sondern zugleich ein ungeheures Maß an unlizenzierter Destruktivität. Es fehlt das Gegenüber, dem man in die Augen sehen muss, wenn man die andere Person der Lächerlichkeit preisgibt oder mit Hass verfolgt.

Früher fanden die Menschen Zuflucht vor der Angst im Glauben und in der Vorstellung einer kosmischen Ordnung. Die Moderne hat nach und nach zur Entzauberung dieser Refugien beigetragen; ist sie daher nicht teilweise „schuld" an der Entstehung der Gesellschaftsangst, von der Sie sprechen?

Alle Arten von Sakralität besitzen die Kraft, durch die verschiedensten Formen der Magie Angst zu absorbieren. Durch den Wegfall dieser Lebensbereiche entsteht im Leben vieler Menschen ein schwarzes Loch, weil es keine Verkörperung der individuellen Angst nach außen hin mehr gibt. Allein in der Semantik solcher Begriffe wie Gott, Teufel, Versuchung, Schuld oder Vergebung steckt ein großes Potenzial, die eigene Angst zu kanalisieren. Mit dem Schwinden des Sakralen geht ein ganzes Zeichensystem der Verarbeitung von Ängsten verloren, und am Ende bleibt nur das einsame Individuum übrig.

Das verlorene Ich versucht dann der Einsamkeit zu entfliehen, indem es sich auf die Anderen bezieht und damit direkt in der „Hölle der Anderen" von Sartre landet, oder aber im Prozess der Säkularisierung sich neue Ersatzgötter und Sakralobjekte schafft ...

Den Prozess der Säkularisierung sehe ich als unproblematisch, es ist eine positive Entwicklung, die mit dem Zuwachs an humanistischen und aufklärerischen Werten einhergeht. Problematisch dagegen ist die Flucht zu neuen Sakralobjekten und Ersatzgöttern, die ich Profanisierung nennen würde. Von Durkheim weiß man aber, dass alle Gesellschaften den Unterschied zwischen dem Heiligen und dem Profanen brauchen, und dass es keine Gesellschaft geben kann, die ohne das Heilige auskäme. Wenn es also nichts Heiliges mehr gibt, weil im Prozess der Säkularisierung alles profanisiert wurde, dann fangen die Menschen an, das Heilige wahnhaft zu suchen. Der Wahnsinn des modernen Alltagslebens ist also zum Teil auch die Antwort auf die Profanisierung der Kirchen und des Gottesglaubens.

In der Tradition der christlichen Kultur, und in der katholischen im Besondern, war das Heilige allerdings immer sehr stark auf Schuldgefühlen und Angst aufgebaut ...

Das Amt des Richters in der katholischen Tradition war sicherlich ganz bewusst auf die Arbeit mit Angst ausgerichtet. In der christlichen Tradition gibt es aber auch eine andere Idee der Kirchlichkeit, in der es schon immer möglich war, über die menschlichen Ängste zu sprechen und zu streiten. Die den Menschen plagenden Ängste sind in der Semantik der letzten 2000 Jahre, und mit dem Judentum sogar seit 6000 Jahren, bereits alle behandelt worden. Der große Vorteil der europäisch-christlichen Religion liegt darin, dass sie einen Beitrag zur Relativierung unserer gegenwärtigen Situation leistet. Wir haben hier eine „Struktur langer Dauer" (Fernand Braudel), die uns zeigt, dass die Angstfrage sich auch schon im Mittelalter oder in anderen Epochen der Menschheitsgeschichte gestellt hat. Die Kirche hat in den letzten 2000 Jahren zugegebenermaßen viel Potenzial verspielt, indem sie in dem richterlichen Ton zu den Menschen gesprochen hat, anstatt in einem Modus der Zeugenschaft Gott als eine gute Hypothese darzustellen, mit der man im Leben besser zurechtkommt. Jetzt ist für die Kirche höchste Zeit, den Ton zu wechseln, sonst ist sie verloren.

Sie schreiben, dass Angst die Lebenslügen von Glück, Glanz und Ruhm entlarvt, fügen aber – nach Paul Tillich – hinzu, sie bewahre auch die Hoffnung, dass nichts so bleiben muss, wie es ist. Wie können wir heute dieser Hoffnung Kraft verleihen?

Ich finde die Erkenntnis richtig und nötig, dass das starke Ich die eigene Angst entdeckt hat. Die Hoffnung liegt darin, dass das Ich sich bewusstmachen wird, dass es mit seiner Angst zurechtkommen muss, und gleichzeitig erkennt, dass es diese Aufgabe nicht alleine bewältigen kann. Der Gegenentwurf dazu wäre die vollendete Resignation, die am Ende womöglich von der Angst befreit, aber um den Preis einer Annullierung des Ichs. Im Zustand der Angst versucht das Ich immer noch gegen die Resignation anzukämpfen und die Hoffnung aufrechtzuerhalten. Die Hoffnung auf was? In der Sprache der Religion würde man diese Hoffnung die Hoffnung auf Erlösung nennen.

Beschleunigung und Entfremdung

Hartmut Rosa

....

Herr Rosa, warum haben viele Menschen heutzutage das Gefühl, dass sie trotz des technischen Fortschritts und aller möglichen elektronischen Haushaltshilfen immer weniger Zeit haben?

Es ist tatsächlich eine paradoxe Situation. Wir erleben seit ca. 250 Jahren spektakuläre Erfolge der Moderne im Zeiteinsparen, vor allem durch die rasante Entwicklung von Transport- und Fortbewegungsmitteln, in der Produktion von Gütern und Dienstleistungen sowie in der Kommunikation, was eigentlich zu einem massiven Zeitüberfluss hätte führen müssen. Auf der anderen Seite haben wir seit der Erfindung der Dampfmaschine die gegenläufige Entwicklung, die Sie mit Ihrer Frage ansprechen. Zunächst muss man also festhalten, dass die Zeitknappheit nicht durch, sondern trotz Beschleunigung entsteht. Wie ist das möglich? Meine Antwort darauf lautet, dass die Zuwachsraten über den Beschleunigungsraten liegen. D. h. wenn ich mich doppelt so schnell wie früher bewege, dabei aber dreimal längere Strecken zurücklege, weil z. B. die Arbeits- Schul- oder Handelswege heute viel länger sind, brauche ich trotz der gestiegenen Geschwindigkeit mehr Zeit für die Reise oder den Transport. Das Gleiche gilt für die Güterherstellung und die Kommunikation. Das beste Beispiel ist die Mail; wenn ich heute eine elektronische Nachricht viel schneller als einen Brief schreibe, dafür aber wesentlich mehr davon verschicke, wird der für Kommunikation verwendete Zeitaufwand trotz des technischen Fortschritts massiv steigen. Es ist der aus der Ökonomie bekannte Rebound-Effekt, der sich u. a. darin äußert, dass große Ressourcen- oder Energieeinsparungen keineswegs eine positive Verbrauchsbilanz mit sich bringen.

Das Problem der fehlenden Zeit scheint wie eine Seuche die meisten Menschen zu berühren, und das in allen gesellschaftlichen Schichten.

Ja, ich nenne diese Entwicklung sogar ein totalitäres Beschleunigungsregime, weil es erstens alle Lebensbereiche betrifft – von der Arbeit über die Pflege, die Bildung oder die Medien bis hin zur Politik. Zweitens: Es macht sich in allen Schichten bemerkbar. Und drittens: Man kann sich schlecht dagegen wehren, weil es keinen konkreten Verantwortlichen oder Adressaten gibt. Was die gesellschaftliche Struktur angeht, betrifft der Beschleunigungsdruck tatsächlich alle Schichten, allerdings in unterschiedlichen Formen. In den höheren Schichten, bei den sog. Eliten, ist der Druck häufig habitualisiert, er kommt also eher von innen. In der Mitte ist er dagegen selbstgemacht, die Menschen nehmen sich zu viel vor und haben das Gefühl, dass sie ihre Zeit sonst vergeuden würden. In den unteren Schichten, bei den Disprivilegierten und den abhängig Beschäftigten kommt der Druck sehr häufig von außen, vom Chef, oder z. B. bei solchen Berufen wie Fernfahrer, Pflegekräfte oder Verkaufspersonal einer Bäckerei von starren Vorgaben der Arbeitsbedingungen. Die ganz Abgehängten – Arbeitslose, Dauerkranke, zum Teil auch Rentner – haben zwar viel Zeit, diese ist aber abgewertet, weil die Menschen in der untersten gesellschaftlichen Lage immer weiter ins Abseits geraten.

Ist die Zeitknappheit also auch ein subjektives Problem?

Sie hängt tatsächlich nicht an der Härte und der Länge der Arbeit, das Gefühl der Zeitknappheit hat weniger mit der Geschwindigkeit der Handlungen oder der Arbeitsprozesse zu tun, sondern hauptsächlich mit dem Verhältnis zwischen der Zeit, die nötig wäre, um die To-do-Liste abzuarbeiten, und der uns tatsächlich zur Verfügung stehenden Zeit. Es wirft natürlich die Frage auf, warum die To-do-Listen so gewaltig explodieren. Das hängt wiederum mit den legitimen Erwartungen zusammen, die wir selbst haben oder die an uns gestellt werden. Das nötige Zeitvolumen zum Erfüllen dieser Erwartungen übersteigt bei Weitem die 24 Stunden, über die wir jeden Tag verfügen.

Obwohl das Zeitdilemma so verbreitet und so dauerhaft zu sein scheint, hört man eigentlich meistens nur, dass die Menschen „im Moment unter Zeitdruck stehen oder zu gar nichts kommen". Wie ist dieser Widerspruch zu erklären?

Das ist wirklich auch ein widersprüchliches Phänomen, das in allen Lebensbereichen zu beobachten ist. Zum einen scheinen alle zu glauben, dass die aktuellen Zeitengpässe von konkreten technischen oder sonstigen Gegebenheiten verursacht sind und sich demnächst wieder lösen werden. Die Lage löst sich aber nicht, weil die Umstände und Gegebenheiten immer wieder erneuert, verändert oder erweitert werden. Zum anderen glauben viele Menschen, dass es an ihnen selbst liegt, dass sie es sind, die irgendetwas falsch machen, ein schlechtes Zeitmanagement haben, sich zu viel vornehmen usw. Die Zeit wird als eine Naturgegebenheit betrachtet, und wenn Zeitprobleme auftreten, werden diese individualisiert, obwohl sie sozialer Natur sind.

Hängt das mit dem totalitären Charakter des Zeitregimes zusammen? Oft reden totalitäre Systeme den Menschen auch ein, sie wären selbst schuld an den schlechten Umständen.

Es hängt von der Art des totalitären Systems ab. Das typisch Totalitäre an der Zeitproblematik, das sie gemeinsam mit anderen totalitären Systemen hat, ist die fehlende Möglichkeit, Kritik zu üben. Bei einem rein politischen Totalitarismus ist immerhin noch einigermaßen klar, wer für das System verantwortlich ist. Der Zeittotalitarismus dagegen macht den Einzelnen zum Schuldigen der eigenen Misere, das Individuum stellt sich jeden Abend immer wieder die Frage, was habe ich falsch gemacht, dass mir die Zeit an allen Ecken und Enden fehlt. Es wäre vielleicht am ehesten mit einer religiösen Form des Totalitarismus vergleichbar, wie sie früher z. B. von der katholischen Kirche praktiziert wurde. Dort gab es allerdings noch einen Entlastungsmechanismus, man konnte zur Beichte gehen, oder aber das Schuldigsein wurde als eine immanente Eigenschaft des Menschen definiert. Die moderne Gesellschaft bietet solche Auswege nicht an.

Das Gefühl der Zeitknappheit sei, nach Ihrer Überzeugung, die Folge des Beschleunigungswahns der Moderne. Verspürten die Menschen in früheren Gesellschaften nicht den Drang, sich zu entwickeln und zu wachsen?

Als Soziologe würde ich sagen, dass es hier eine Tendenz zur Naturalisierung gibt, die uns glauben lässt, es sei schon immer so gewesen. Ich bin in dieser Hinsicht skeptisch. Natürlich haben die Menschen in früheren Epochen auch hart gearbeitet und nach mehr gestrebt, damals gab es aber nicht dieses massive Auseinanderdriften zwischen der To-do-Liste und dem, was man tatsächlich getan hat. Außerdem behaupte ich, dass es früher auch noch im harten Arbeitsalltag etwas gegeben hat, was man Momente der Muße nennen könnte. Nachdem das Tagewerk getan war, gab es einfach nichts mehr zu tun, das hat zumindest teilweise Momente der Entlastung gebracht. Natürlich war auch schon früher jede Gesellschaft und jede Kultur von der menschlichen Neugier durchdrungen, von dem Bedürfnis, Grenzen zu überschreiten und Neues auszuprobieren. Es gab aber auch äußere Zwänge, wie z. B. Krieg, die die Menschen zwangen, nach neuen Strategien zu suchen, z. B. neue Waffen zu entwickeln. Rohstoffknappheit, Naturkatastrophen, Hungersnöte oder aber besonders fruchtbare Perioden, die zum Bevölkerungswachstum führten, gehörten ebenfalls zu solchen äußeren Zwängen, deren Folgen Innovationen und Wachstum waren. Das wirklich Neue an der Entwicklung, die wir seit dem 18. Jahrhundert beobachten, ist die Tatsache, dass wir immer weiter beschleunigen müssen, allein um den bestehenden Zustand, also den Status quo zu erhalten. Ich nenne es den „rasenden Stillstand", darin liegt der essentielle Unterschied zu früheren Epochen. Um Arbeitsplätze zu retten oder alle relevanten gesellschaftlichen Systeme zu erhalten, müssen wir systematisch wachsen, ständig innovativer und produktiver werden, und zwar unabhängig von dem Bevölkerungswachstums. Das ist wirklich ein neues Phänomens in der Menschheitsgeschichte.

Warum machen die meisten Menschen bei diesem Teufelskreis mit?

Es ist in der Tat eine hochinteressante Frage, worin die subjektiven Antriebskräfte bestehen, die die Menschen zum Mitmachen bewegen. Wir machen das definitiv nicht deshalb, weil wir das Wirtschaftswachstum in Gang bringen oder die gesellschaftliche Entwicklung beschleunigen wollen. Die sogenannten systemischen Imperative wirken nicht auf der psychischen Ebene des Individuums. Ich glaube, es gibt zwei Grundkräfte, die den Einzelnen dazu bewegen, bei diesem Spiel mitzumachen – Angst und Begehren. Die Logik des Wettbewerbs auf der Makroebene wird auf die Lebensebene des Einzelnen übertragen. In der dynamischen Welt der Moderne ist der Untergrund des Individuums nicht fest, verändert sich fortwährend und bleibt ständig in Bewegung. Es ist, als würden wir auf einer abwärtsfahrenden Rolltreppe stehen und jedes Stehenbleiben bedeutet ein Abrutschen nach unten, relativ zu anderen gesehen, immer weiter abzufallen. Es betrifft alle Bereiche des Lebens, im gleichen Maße den Beruf wie die Finanzen oder auch das soziale Leben. Am ehesten ist es spürbar in der Welt der Technik. Kaum haben wir den neusten Computer gekauft, schon bekommen wir beim Einschalten zu Hause die Nachricht, dass die Software nicht auf dem neusten Stand ist und wir dringend ein Update brauchen. Je länger wir mit der Installation und mit der Aktualisierung warten, umso schneller wird unser Computer veraltet sein.

Steckt dahinter auch die Angst vor Ausgrenzung, vielleicht sogar vor Einsamkeit?

Sicherlich auch, wobei ich sagen würde, dass es nicht nur um das Zugehörigkeitsbedürfnis oder Anerkennung geht. Es geht auch um so etwas Konkretes wie ein reales Einkommen, Absicherung im Alter, also allgemein formuliert, um unsere materielle Existenz. Es hängt natürlich mit der Angst vor Ausgrenzung und Einsamkeit zusammen, aber entscheidend ist, glaube ich, die Frage nach unserer Position in der Welt. In der heutigen Gesellschaft ist unsere soziale Position keinesfalls fest und für alle Zeiten vergeben. Je länger ich als Professor nicht publiziere, umso weiter rutsche ich in meiner Position zurück, und das wird auch materielle Konsequenzen zur Folge haben. Nicht anders verhält es sich, wenn ich Fabrikarbeiter bin: Nie kann ich sicher sein, ob meine Kenntnisse, Fähigkeiten und Abschlüsse morgen noch ausreichen und ob mein Job übermorgen überhaupt noch existiert. Letztendlich, in der Tiefe unserer Psyche, ist das also sehr wohl die Angst vor dem sozialen Tod, die uns dazu antreibt, an diesem Rennen teilzunehmen.

Ist die moderne Gesellschaft, die entgegen der einfachsten Logik der Begrenztheit alles Materiellen blind an ein endloses Wachstum glaubt, psychisch krank?

Ich behaupte, dass wir möglicherweise kurz vor einem kollektiven Burnout stehen. Wir müssten uns tatsächlich Gedanken darüber machen, wie krank eine Gesellschaft ist, die auf Fragen „Wann ist der Wettbewerb hart genug? Wann ist das Wirtschaftsprodukt groß genug? Wann sind die Dinge effizient genug?" eigentlich nur mit „Niemals!" antworten kann. Wir kennen das Problem der Pleonexie, des Nie-Genug-Haben, oder dieses „immer höher, schneller, weiter" bereits seit Plato. Ich bin aber der Ansicht, dass das nicht der eigentliche innere Antrieb des Einzelnen ist. Wir werden jetzt nicht mehr von dem Verlangen angetrieben, immer noch mehr haben zu wollen, sondern von der Angst, das bereits Erreichte nicht mehr erhalten zu können. In den letzten 200 Jahren hegten die Eltern immer die Hoffnung, dass ihre Kinder es einmal besser haben würden. Heute laufen sie in diesem Hamsterrad immer schneller, nur um den Anschluss nicht zu verlieren und das erreichte Lebensniveau zu halten, insofern ist dieser Zustand sehr wohl krankhaft.

Diese Aufwärtsspirale führt zur Entfremdung des Menschen in allen Lebensbereichen, auch von anderen und nicht zuletzt auch von sich selbst. Ist Entfremdung in dieser allumfassenden Form ein neues Phänomen der Moderne?

Der Begriff der Entfremdung war in den Siebziger- und Achtzigerjahren des letzten Jahrhunderts in der Soziologie sehr populär, später hat er an Popularität verloren, weil es, meines Erachtens, sehr schwer zu sagen ist, was ein nicht entfremdeter Zustand eigentlich bedeutet. Persönlich glaube ich, dass Entfremdung kein neues Phänomen ist, sondern die Entfremdungserfahrungen haben heute andere Ursachen. Bei dem Versuch, dieser Frage nachzugehen, bin ich zu dem Schluss gekommen, dass Entfremdung, die mit der Beschleunigungslogik einhergeht, in der Abwesenheit von Resonanzbeziehungen gründet, also in der wachsenden psychischen Unfähigkeit, sich auf die Welt einzulassen oder, mit Adorno gesprochen, „wirkliche Erfahrungen zu machen". Dieser Zustand hat systemische Ursachen.

Wie wirkt sich das auf die Psyche des Einzelnen aus? Sind Burnout, Depressionen und viele andere psychische Leiden einfach durch diesen Zustand zu erklären?

Sicherlich gibt es in vielen Fällen auch organische oder individualpsychologische Ursachen, z. B. Unterdrückung oder Traumatisierung, aber grundsätzlich gehe ich davon aus, dass z. B. Depression und Burnout Folgen eines umfassenden Resonanzverlustes sind. Nicht selten werden Menschen von ihrer Umgebung nicht mehr „berührt", obwohl sie eine große Weltreichweite haben, d. h. in Wohlstand leben, eine gute Arbeit und viele Freunde haben. Die Zeit wird für sie gewissermaßen eingefroren, es ist ein für Depression und Burnout typischer Zustand, bei dem keine dynamische Verbindung mehr zwischen Vergangenheit und Zukunft spürbar ist. Die epidemischen Ausmaße dieser Erkrankungen haben heute, meiner Ansicht nach, häufig gesellschaftliche Ursachen, die uns sowohl individuell als auch kollektiv Resonanzbeziehungen zur Welt erschweren.

Entgegen vielen Interpretationen Ihrer Theorie halten Sie Entschleunigung nicht für den Ausweg aus diesem Zustand. Warum nicht?

Wenn meine gesellschaftliche Analyse stimmig ist, dann können wir nicht alles so belassen, wie es ist, und nur langsamer werden. Wir brauchen einen grundlegenden gesellschaftlichen Umbau und dürfen dabei Zeit nicht als einen Sektor von vielen betrachten und damit wie mit einer weiteren Ressource umgehen. Zeit ist kein isoliertes Phänomen, sondern liegt allen anderen Prozessen zugrunde, sie ist ein Grundbaustein aller gesellschaftlichen Zusammenhänge, daher können wir nicht die Gesamtstruktur beibehalten und alles nur etwas langsamer laufen lassen. Der andere Aspekt ist: Langsamkeit ist nicht grundsätzlich und nicht immer etwas Gutes und Wünschenswertes, ein langsamer Notarzt, eine langsame Achterbahn oder ein langsames Internet würden sicherlich nicht unsere Lebensqualität steigern. Mit Entschleunigung meine ich vor allem eine andere Art, mit der Welt in Kontakt zu bleiben, eben, wie bereits gesagt, mit ihr in Resonanz zu treten.

Was verstehen Sie genau unter Resonanz?

Wir haben alle eine große Sehnsucht danach, auf eine andere, viel intensivere Weise mit der Welt in Beziehung zu treten. Die Logik des Wettbewerbs und der Beschleunigung wird von uns als Optimierungszwang wahrgenommen. Die sogenannte parametrische Optimierung ist heute in allen Lebensbereichen spürbar: Ich kann mein Gewicht optimieren, mich als Liebhaber oder Lebenspartner verbessern, mich weiterbilden und praktisch auf allen möglichen Ebenen immerzu noch ein wenig besser, schöner werden, mich im Prinzip endlos weiter optimieren. Es ist ein nie endender Wettlauf, der den Einzelnen ständig unbefriedigt lässt. Wir haben aber als Menschen eine Vorstellung vom Gelingen, die auf Berührung gerichtet ist. Eine Resonanzbeziehung hat vier entscheidende Momente: Wir wollen, dass uns etwas berührt und bewegt und uns innwendig ergreift; wir wollen darauf antworten und uns als selbstwirksam erfahren, etwas erreichen, mit jemandem zusammenarbeiten; wir wollen durch eine Begegnung oder eine Idee verwandelt werden; und das vierte und entscheidende Moment ist die Unverfügbarkeit – ich kann weder die Begegnung gezielt herbeiführen noch das Ergebnis kontrollieren. Der Moment der Unverfügbarkeit steht im Widerspruch zu der Idee der ewigen Optimierung, die es uns immer schwerer macht, mit der Welt in Resonanz zu treten.

Sie sprechen oft von Resonanzachsen, was meinen Sie damit?

Es sind die verschiedenen Ebenen der Verbindung mit der äußeren Welt. Eine davon ist die soziale oder die horizontale Achse, also die zu anderen Menschen, dann die diagonale Achse, also die Verbindung zu den uns umgebenden Dingen, und die vertikale oder existenzielle Achse zu dem, was wir die letzte Wirklichkeit nennen könnten, oder, mit Jaspers gesprochen, zu dem „uns Umkreisenden".

Resonanz, wenn man sie wie in der Physik wörtlich versteht, ist nur unter Objekten möglich, die eine identische Grund-

frequenz aufweisen. Wie soll das unter unterschiedlichen Individuen, geschweige denn auf der gesellschaftlichen Ebene funktionieren?

In der Physik unterschiedet man zwischen der Synchronresonanz, also dem Gleichklang, und der Respons- oder Antwort-Resonanz. Das Entscheidende ist aber, dass wir es bei beiden Arten immer mit zwei unterschiedlichen Körpern oder Systemen zu tun haben, die nicht direkt miteinander verbunden sind. In meiner Metapher der Resonanz geht es immer um unterschiedliche Stimmen, die mit verschiedenen Frequenzen sprechen oder schwingen. Mir ist es wichtig, dass wir auf die andere Stimme antworten und uns dabei transformieren. Es können zwei oder mehrere Menschen sein, die miteinander in Kontakt treten, oder aber der Mensch und seine Umwelt. Die Bedingung dafür ist, dass die Menschen unterschiedlich sind und sich gegenseitig auch so wahrnehmen. Ich begegne einem anderen, lasse mich von ihm berühren und transformieren und erreiche meinerseits auch den Anderen oder das Andere. Es ist besonders wichtig im Hinblick auf die Demokratie – wir müssen uns bewusst machen, dass wir alle unterschiedlich sind, dass Streit in jeder Begegnung dazugehört und dass es möglich ist, sich gemeinsam in etwas Neues zu verwandeln. Es geht immer darum, dass man über die anderen nicht verfügt und sie nicht verbiegt, sondern sie durch den Resonanzakt erreicht und sich gemeinsam mit ihnen verändert.

Glauben Sie, dass die zunehmende Popularität von esoterischen Strömungen aller Art, aber auch z. B. von Musik ein Hilferuf des modernen Menschen nach mehr Verbundenheit mit der Welt ist?

Das sehe ich auf jeden Fall so. Alle esoterischen und spirituellen Bewegungen drücken ganz klar eine Sehnsucht oder oft sogar ein physisches Verlangen nach Resonanzkonzepten und auch nach Resonanzpraktiken aus. Ein gutes Beispiel hierfür ist Astrologie, die die Vorstellung von einem übergeordneten Zusammenhang zum Ausdruck bringt, also die vertikale Resonanzachse darstellt und vielen Menschen das Gefühl gibt, mit dem großen Ganzen in Verbindung zu stehen. Deswegen ist die Astrologie so unausrottbar, obwohl sie physikalisch nicht begründet werden kann. Das Gleiche gilt für alle Heilslehren und alle esoterische Konzepte, die von der Idee leben, dass es innere Resonanzen gibt zwischen meinem Körper und meiner Psyche sowie den anderen und der gesamten Natur. Auch die Religionen stellen Ideen und Praktiken zur Verfügung, die meine innerste Existenz und „das Umkreisende", das wir auch Gott oder Schöpfung nennen können, in eine wie auch immer geartete Verbindung bringen. Daher entwickeln Gesellschaften, in denen die Religiosität in den Hintergrund tritt, das Verlangen nach anderen Ideen und Praktiken.

In der Vergangenheit gab die Religion den meisten Menschen nicht nur das Gefühl der Verbundenheit mit dem großen Ganzen, sondern lieferte auch Antworten auf alle wichtigen Fragen. Wird die zunehmende Entfremdung zu einer „Rückkehr der Religion" führen?

Dieser Prozess ist auch schon teilweise zu beobachten. Die Erwartung der Soziologie, dass mit der Modernisierung unweigerlich eine Säkularisierung der Gesellschaft einhergeht, hat sich nicht ganz bewahrheitet. Es ist vielleicht in einigen wenigen Gesellschaften passiert, wie z. B. in Tschechien oder in Ostdeutschland, aber weltweit ist eher eine Zunahme von religiösen Tendenzen zu beobachten, gerade innerhalb der evangelikalen Bewegungen. Es ist zwar nicht immer ganz klar, was diese Bewegungen antreibt, oft sind auch politische oder materielle Unsicherheit mit verantwortlich. Grundsätzlich glaube ich aber, dass das Verlangen nach Verbundenheit ein sehr wichtiger Beweggrund ist und es auch in Zukunft nicht verschwindet, vielleicht sogar wieder an Bedeutung gewinnen wird. Möglicherweise werden aber auch Kunsterfahrungen, gerade im Bereich der Musik oder auch tiefenökologische Vorstellungen und andere neue

Möglichkeiten auftauchen, die eine sozial wirksame Konzeptualisierung der Resonanzverbundenheit mit der Welt ermöglichen werden.

Digitale Demenz

Manfred Spitzer

....

Herr Spitzer, viele Ihrer Kritiker, darunter auch einige Wissenschaftler, halten den Begriff „Digitale Demenz" für unzutreffend, manche sogar für absurd. Demenz sei doch eine Krankheit des Alters, argumentieren sie. Könnten Sie diesen Begriff näher erklären?

Der Ausdruck „digitale Demenz" ist nicht von mir, sondern wurde vor mehr als zwölf Jahren von südkoreanischen Ärzten geprägt. Sie bezeichneten damit die Beschwerden junger Männer, wie Aufmerksamkeitsstörungen, Gedächtnisprobleme, Abgeschlagenheit, Schlafstörungen und Depressionen, die sich vor allem durch einen sehr häufigen Gebrauch digitaler Medien auszeichneten. Ich selbst habe den Begriff „Demenz" verwendet, weil es mir um die langfristigen Folgen des Gebrauchs digitaler Medien geht.

Das Aufsehen um Ihre Thesen und die öffentliche Diskussion über das Thema „Digitale Demenz" – warum hat es so viele kontroverse Reaktionen ausgelöst, und warum ist Ihr Buch mit dem gleichnamigen Titel ein Bestseller geworden? Und woher die sehr weite Spannbreite der unterschiedlichen Reaktionen?

Jeder Mensch, der aufmerksam durch die Welt läuft, sieht die Auswirkungen des Gebrauchs digitaler Medien: Junge Menschen reden nicht mehr miteinander, sondern schauen nur noch gebannt auf den kleinen Bildschirm ihres Smartphones. Gerade junge Männer verbringen viele Stunden pro Tag am Computer und kämpfen gegen Monster oder andere böse Wesen. Es fällt auch besonders auf, dass moderne Informationstechnik nicht mehr nur dazu beiträgt, effizienter zu arbeiten, sondern vor allem auch als Mittel der Freizeitgestaltung verwendet wird. Zudem bemerken viele Menschen die unangenehmen Wirkungen der Medien, wobei ihnen gleichzeitig beständig eingeredet wird, dass diese Entwicklung insgesamt nur positive Folgen hat. Ich glaube, die Mischung aus der weiten Verbreitung der digitalen Medien und dem Missverhältnis dessen, was jeder Mensch selbst spürt, dann auch noch bei anderen sieht und zusätzlich auch noch (nicht zuletzt von den Medien und deren Marketingstrategen) eingeredet bekommt, hat dazu geführt, dass das Thema eine so weite Verbreitung gefunden hat. Natürlich rief mein Buch auch viele Kritiker auf den Plan, die jedoch vor allem meine Person verunglimpften, weil sie letztlich keine sachlichen Argumente hatten.

Inwiefern werden Ihre Thesen von neurobiologischen Untersuchungen bestätigt?

Der Bezug zur Neurobiologie reicht tiefer: Die wichtigste Erkenntnis der Neurowissenschaft der letzten drei Jahrzehnte besteht darin, dass sich unser Gehirn durch seinen Gebrauch beständig verändert. Eines kann daher die Nutzung digitaler Medien über mehrere Stunden täglich nicht haben: keine Auswirkungen! Natürlich gibt es darüber hinaus auch noch eine ganze Reihe von Studien zu den Auswirkungen digitaler Medien, diese werden von mir im Einzelnen genannt und diskutiert. Wir wissen im Grunde schon ziemlich viel, und vor allem dann, wenn man unser gesamtes Wissen einmal zusammenschaut, wird die Bedrohung durch die digitalen Medien so richtig deutlich. In meiner Klinik haben wir sowohl Sozialverhalten als auch Neuroplastizität immer wieder untersucht. Auch Arbeiten zur grundsätzlichen Bedeutung des „Handhabens" von Dingen für das Erlernen von Objekten und deren Eigenschaften sowie vor allem auch für das Nachdenken über diese Objekte wurden in meiner Klinik bzw. den daran angeschlossenen Grundlagenlabors untersucht.

Sind Sie – wie es von einigen behauptet wird – grundsätzlich ein Gegner der elektronischen Medien? Glauben Sie nicht, dass die Entwicklung digitaler Technologien auch Positives bei Kinder und Jugendlichen bewirken kann?

Es ist nicht wahr, dass ich ein grundsätzlicher Gegner digitaler Medien bin. Meine These lautet vielmehr: Da, wo es Wirkungen gibt, gibt es auch Risiken und Nebenwirkungen. Die wiederum sind vor allem bei Kindern und Jugendlichen besonders drastisch, weil deren Gehirne noch besonders lernfähig und veränderungsfähig sind. Gerade bei Kindern sind damit auch auf die Risiken der Anwendung digitaler Medien ganz besonders zu achten.

Ist es möglich, eine Altersgrenze festzulegen, ab der Sie den Kontakt mit der digitalen Welt für nicht mehr „gefährlich" ansehen würden?

Anhand der wissenschaftlichen Daten ist es ziemlich schwierig, eine genaue Altersgrenze für die Mediennutzung festzulegen. Allerdings denke ich, dass wir heute weit von einer vernünftigen Grenze entfernt liegen. Ich möchte dies wie folgt begründen: Daten aus mehreren Studien belegen, dass ein PC im Jugendzimmer eines 15-Jährigen dessen Schulnoten nicht verbessert, sondern ganz eindeutig verschlechtert. 15-Jährige sind also ganz offensichtlich noch zu jung für die Nutzung der elektronischen Medien. Mit 18 Jahren ist man in Deutschland volljährig, d. h. für sich selbst verantwortlich. Die „Altersgrenze" liegt daher irgendwo zwischen 15 und 18 Jahren. Das mag vielen sehr hoch erscheinen, werden doch heute schon digitale Medien für unter Zweijährige angeboten. Daher möchte ich an dieser Stelle noch einmal sagen: Es gibt keinerlei Daten, die zeigen, dass Kinder und Jugendliche von der Nutzung digitaler Medien profitieren, es gibt jedoch jede Menge Daten zu Risiken und Nebenwirkungen, die umso größer sind, je jünger die Kinder sind.

Und was ist mit Erwachsenen und älteren Menschen? Prof. Gary Small, Psychiater an der University of California, behauptet z. B., die Internetnutzung im Alter sei förderlich für den Geist und beuge der Entwicklung von Demenz vor.

Natürlich können sich ältere Menschen mit technischen Neuerungen beschäftigen und damit zum einen ihre Neugierde befriedigen und zum anderen aufgeschlossen und geistig rege bleiben. Studien zu Computerprogrammen, die vermeintlich den Geist trainieren und dadurch Demenz vorbeugen, haben aber gezeigt, dass dies nicht funktioniert. Man trainiert letztlich nur die Aufgaben, die der Computer einem stellt, und die Fähigkeiten lassen sich nicht generell auf den Alltag übertragen. Hier wird viel behauptet, was den Tatsachen schlichtweg nicht entspricht.

Oder nehmen wir behinderte Menschen, z. B. Gelähmte – bieten sich da nicht unzählige Kontaktmöglichkeiten zu einer vielfältigen Welt, zu der sie sonst keinen Zugang hätten?

Aus der Tatsache, dass man mit Alkohol in der Medizin Leben retten kann, folgt nicht, dass man Fünfjährigen Alkohol zu trinken geben sollte. Selbstverständlich kann man mit bestimmten Anwendungen die Informationstechnik sinnvoll einsetzen. Darum geht es mir überhaupt nicht! Es geht vielmehr darum, dass die unglaublich verbreitete und häufige Anwendung der modernen Informationstechnik durch Kinder und Jugendliche deren geistiger und körperlicher Entwicklung nicht förderlich ist.

Sie werfen der Computerindustrie sowie den Vertretern der Medienlobby vor, bewusst daran zu arbeiten, junge Menschen in eine Abhängigkeit von digitalen Medien zu führen. Es ist ein starker Vorwurf. Können Sie ihn begründen?

Wir haben alleine in Deutschland etwa eine halbe Million junger Menschen, die internet- und computersüchtig sind. Aus meiner psychiatrischen Erfahrung kenne ich Einzelschicksale und weiß, wie schlimm das sein kann: 18 Stunden täglich World of Warcraft spielen, Beruf und Mietwohnung verlieren, keinerlei reale Freunde mehr haben etc. Gerade Computerspiele sind so programmiert, dass sie Sucht erzeugen. Weil die Folgen dann verheerend sind, werfe ich der Computerindustrie und tatsächlich manchen Vertretern der Medien vor, dass sie hier die Menschen gezielt fehlinformieren.

Einige Wissenschaftler, u. a. Hans-Peter Thier und Michael Madeja, behaupten, es sei genau umgekehrt – die Internetnutzung beuge förmlich der Entwicklung von Demenz vor. Woher rühren so unterschiedliche Sichtweisen von Vertretern der Wissenschaft über dasselbe Thema? Liefern die neurobiologischen Untersuchungsmethoden, deren sich sowohl Sie als auch die anderen Wissenschaftler bedienen, nicht immer eindeutige, objektive Ergebnisse von Studien?

Ich gehe davon aus, dass die von Ihnen genannten Wissenschaftler mein Buch nicht gelesen haben. Die Datenlage, die für meine These spricht, ist überwältigend und wird von manchen Kollegen ganz einfach nicht zur Kenntnis genommen.

Als Neurobiologe und Psychiater werden Sie gelegentlich zu Gerichtsverhandlungen hinzugezogen, bei denen es um Gewalt und nicht selten auch um Todesdelikte geht. Wie ist Ihrer Meinung nach der Einfluss der digitalen Medien, insbesondere der sogenannten Ballerspiele, auf die Einstellung junger Menschen jeglicher Form von Gewalt gegenüber?

Studien zeigen, dass medial konsumierte Gewalt zu mehr Gewalt in der realen Welt führt. Dies wird zwar immer wieder geleugnet, aber die Datenlage ist auch hier völlig eindeutig. Es ist einfach Fakt, dass stundenlanges Konsumieren von Gewalt per Fernsehen oder DVD und – schlimmer noch – stundenlanges Einüben von gewalttätigen Handlungen per Computerspiel einerseits zur Abstumpfung gegenüber realer Gewalt führt und andererseits die

Wahrscheinlichkeit, selber Gewalt auszuüben, erhöht. Wer dies leugnet, der lügt oder aber nimmt ganz bewusst bekannte Fakten nicht zur Kenntnis.

Welche anderen Folgen des exzessiven Umgangs der jungen Generation mit der digitalen Welt würden Sie als problematisch bezeichnen, z. B. für die körperliche und geistige Gesundheit des Einzelnen, für soziale Kontakte, für Beziehungen in den Familien und auch für die Gesellschaft als Ganzes?

Eine große schwedische Studie hat gezeigt, dass der Konsum elektronischer Medien mit Schlaflosigkeit, Abgeschlagenheit und Depressionen einhergeht. Als Wirkungsmechanismus kommt vermehrter Stress in Frage. Das Wesen von Stress besteht letztlich in mangelnder Kontrolle, und wenn digitale Medien immer mehr die Kontrolle über uns übernehmen, dann geben wir unsere Freiheit und Selbstbestimmung letztlich an diese Medien ab. Viele Menschen sprechen von „Reizüberflutung", meinen jedoch letztlich dieses Phänomen: Nicht wir bestimmen, sondern wir werden von Apparaten bestimmt. Sie wecken uns morgens, befehlen uns auf SMS-Nachrichten oder E-Mails zu antworten, bestimmen unseren Terminkalender etc. Hinzu kommt, dass für viele Menschen reales Sozialleben und reale Kontakte durch „social media" wie Facebook ersetzt werden. Wenn man weiß, dass auch unsere sozialen Fähigkeiten durch reale Sozialkontakte gelernt werden müssen, kann man nur ahnen, wie schädlich es ist, diese realen menschlichen Begegnungen durch Kontakt über Bildschirme zu ersetzen. Das Ganze ist deswegen so bedeutsam, weil es hier nicht um eine Tätigkeit geht, die wir Menschen einige Minuten täglich ausüben. Die durchschnittliche Zeit der Mediennutzung in den USA liegt bei Jugendlichen vielmehr bei über zehn Stunden, in Deutschland beträgt sie etwa 7,5 Stunden täglich. Noch einmal: Dies kann eines nicht haben: keine Auswirkungen!

Kopf in den Sand? Warum geschieht nichts? – lauten einige der Fragen, die Sie immer wieder stellen. Warum ist keine entsprechende Bereitschaft zur Änderung der Lage seitens der Politik, der meisten Pädagogen und auch vieler Eltern in Sicht – trotz der immer häufigeren und lauteren Warnungen aus wissenschaftlichen Kreisen?

Ich glaube, dass Eltern und Lehrer sowie Erzieherinnen im Kindergarten das Problem längst erkannt haben. Auch Kinderärzte sehen es täglich. Die Medien selbst werden gar nichts ändern, denn sie profitieren in erheblichem Maße davon, dass junge Menschen immer abhängiger von ihnen werden. Politiker wiederum sind von Medien abhängig und werden sich deswegen nicht gegen sie wenden. Es ist also an jedem Einzelnen von uns, die nötigen Konsequenzen zu ziehen, jeweils für sich und auch im Hinblick auf politischen Druck. Von allein wird gar nichts geschehen, es sei denn, viele Menschen beschweren sich und ändern ihr eigenes Verhalten, aber vor allem die Erziehung ihrer Kinder.

Welche sind Ihre Vorschläge bezüglich möglicher Änderungen dieser besorgniserregenden Situation, die – wenn man Ihre Thesen ernst nimmt – eine große Gefahr für die kommenden Generationen und somit möglicherweise für die Zukunft unserer Gattung bedeuten kann?

Die Dosis macht das Gift! Dieser Satz sollte eine Richtschnur für unseren Umgang mit digitalen Medien darstellen. Der Fernseher ist kein Babysitter, der Computer auch nicht! Wir sollten es uns auch nicht zur Gewohnheit machen, diese Geräte permanent angeschaltet zu haben, auch vom Smartphone sollte sich keiner bestimmen lassen und vom iPad auch nicht. Ganz konkret sollten beispielsweise auch in Schulen keine Computer oder iPads angeschafft werden, solange nicht nachgewiesen ist, welche Wirkungen und Nebenwirkungen diese Maßnahme hat. Die heute vorliegenden Daten zeigen, dass Computer uns das Denken abnehmen und wir deswegen durch sie nicht mehr oder besser, sondern weniger und schlechter lernen. Ebenso wie ein Auto uns körperliche Arbeit abnimmt, wenn wir uns damit fortbewegen, und genau deswegen unserer körperlichen Fitness nicht guttut, nimmt uns ein Computer geistige Arbeit ab und schadet daher zunächst einmal unserem Geist. Wer nur noch mit einem Taschenrechner rechnet, wird im Kopfrechnen nicht besser, sondern schwächer! Im Grunde weiß dies ja jeder, es wird lediglich höchste Zeit, dass wir diesen Gedanken ernster nehmen.

Kann ein besonnener und mäßiger Umgang mit dem Internet und den digitalen Medien nicht auch einen Nutzen für Menschen jeden Alters bedeuten?

Selbstverständlich! Genauso wie ein maßvoller Umgang mit Alkohol in der Medizin Leben retten kann und aus unserer Kultur nicht wegzudenken ist. Dennoch kennt jeder die fürchterlichen Wirkungen, die die Substanz Alkohol auf süchtige Menschen haben kann. Noch einmal: Alles, was wirkt, hat auch Risiken und Nebenwirkungen. Diesen Gedanken sollten wir auch im Hinblick auf den Umgang mit moderner Informationstechnik nicht vergessen.

Burnout Kids

Michael Schulte-Markwort

· ·

Herr Schulte-Markwort, ist Burnout bei Kindern ein neues Phänomen oder ist es nur eine andere Bezeichnung für ein lang bekanntes, aber bis vor wenigen Jahren nicht ernst genommenes Leiden von Kindern und Jugendlichen?

Nach meiner Einschätzung ist das ein Phänomen, das in der letzten Zeit zugenommen hat. Ich habe vor ca. acht bis neun Jahren mit Kindern und Jugendlichen zu tun gehabt, die eine Erschöpfungsdepression entwickelt hatten. Erschöpfte Kinder und vor allem Jugendliche hat es zwar schon immer gegeben, aber in der Häufigkeit und den Schweregraden, die ich seit einigen Jahren beobachte, ist es tatsächlich ein neues Phänomen. Aus diesem Grund habe ich angefangen, mich damit genauer zu befassen, und stellte eben fest, dass Burnout, das als Krankheit der Erwachsenen seit Langem bekannt ist, sich ebenfalls im Jugendalter – und inzwischen auch im Kindesalter – immer öfter feststellen lässt.

Ist Burnout also eine andere Bezeichnung für Erschöpfungsdepression?

Ich verwende diese beiden Begriffe synonym. Es gibt einen großen akademischen Streit darüber, ob Burnout eine medizinische Diagnose ist. In der ICD-10-Klassifikation wird es unter der Überschrift „Probleme mit der Lebensführung" geführt. Als eine offizielle Diagnose käme hier eventuell die Neurasthenie in Frage. Sie wird aber seit Langem nicht mehr diagnostiziert, weil damit Menschen gekennzeichnet werden, die zu sensibel für bestimmte Arbeits- bzw. Lebensbedingungen sind. Die Erwachsenenpsychiatrie konnte sich bislang nicht dazu durchringen, aus dem Burnout eine eigenständige Diagnose zu machen, obwohl es ohne Zweifel sowohl Erwachsene als auch Jugendliche und Kinder gibt, die unter Erschöpfungsdepressionen leiden.

Wie unterscheidet sich Burnout von einer „normalen" Depression?

Wir unterscheiden grundsätzlich zwei Arten von Depressionen – die endogene, sogenannte *major depression*, und die reaktive. Burnout als Folge der Erschöpfung gehört also zu den reaktiven Depressionen. Man kann es vom Phänomen her nicht unterscheiden, es muss in jedem Fall der Zusammenhang mit den Ursachen und Einflussfaktoren hergestellt werden, wie z. B. Schule oder Arbeitsbedingungen.

Burnout ist also keine neue Schublade, in die faule oder lernschwächere Kinder gesteckt werden?

Ich habe mir die größte Mühe gegeben, es nicht zu tun. Es ging mir vor allem darum, meiner Sorge Ausdruck zu verleihen, dass ich in meiner Praxis zunehmend mit viel zu vielen erschöpften Kindern und Jugendlichen zu tun hatte. Ich habe dieses Problem in einem *Zeit*-Interview im Jahre 2013 thematisiert. Kurze Zeit später habe ich mich entschieden, diese Problematik ausführlicher in einem Buch zu behandeln. Mit dem durchaus populistisch anmutenden Titel „Burnout Kids" wollte ich eine öffentliche Debatte anstoßen über die Frage, ob wir uns als Gesellschaft mit diesem Zustand zufriedengeben wollen.

Die wichtigste Frage in einer solchen Debatte wäre die nach den Ursachen dieses Zustands. Sind aus Ihrer Sicht die strukturellen Veränderungen unserer modernen Gesellschaft mit verantwortlich für die steigenden Zahlen der erschöpften Kinder und Jugendlichen? Die Grundprinzipien unseres Alltags – immer mehr haben, immer schneller und

immer besser sein zu wollen – geben wir unseren Kindern unbewusst als Richtlinien für ihr künftiges Leben weiter. Ist das nicht eine der wichtigsten Ursachen für ihre Erschöpfung?

Ich nenne diesen Konsum- und Zuwachswahn das Prinzip der durchdringenden Ökonomisierung, das sich z. B. im Berufsleben durch die Macht der immer enger greifenden Kontrolle ausdrückt. Es gibt keine freien Räume mehr, alles wird nach dem Prinzip Wert-Gegenwert beurteilt, selbst wenn ich im Krankenhaus zu viele Bleistifte verbrauche, werden mir die Zusatzkosten vorgerechnet. Unsere Kinder wachsen also in einer Welt auf, in der es nur noch um Leistung und Gegenleistung geht, und ich halte das für eine fatale Entwicklung.

Sie beklagen den Zustand, dass die Häufigkeit von Burnout unter Kinder zunimmt. Stützt sich diese Beobachtung lediglich auf Ihre Praxiserfahrung oder gibt es auch wissenschaftliche Studien, die das bestätigen?

Burnout im Kindes- und Jugendalter ist ein schwieriges Konstrukt, daher gibt es bisher wenig gute Untersuchungen dieses Phänomens. Wir haben eine breit angelegte Studie an einer Population von 1200 Hamburger Schülern durchgeführt, bei der Schulzufriedenheit und Schulstress sowie die damit zusammenhängenden psychosomatischen Symptome untersucht worden sind. In dieser Studie gaben dreißig Prozent der untersuchten Kinder an, dass sie unter Schulstress leiden. Zum Thema Schulzufriedenheit gaben zwanzig Prozent der Neuntklässler an, mit der Schule vollkommen unzufrieden zu sein. Wenn man die Kinder dazurechnet, die nur einigermaßen mit der Schule zufrieden sind, dann haben wir im Endeffekt nur zehn Prozent Kinder, für die das Schulleben keine großen Probleme darstellt. Das halte ich für einen wirklichen Skandal.

Zwanzig Prozent der deutschen Kinder sollen unter psychischen Störungen leiden. Welchen Anteil daran hat die Erschöpfungsdepression?

Nach meinen Schätzungen tritt Burnout genauso häufig auf wie ADS, d. h. in ca. drei Prozent der Gesamtpopulation. Insgesamt sind in Deutschland ca. zwanzig Prozent der Kinder psychisch auffällig, davon ist etwa die Hälfte behandlungsbedürftig. Dafür gibt es gute wissenschaftliche Studien, und ich vermute, dass es sich in anderen westlichen Ländern nicht anders verhält.

An einer anderen Stelle schreiben Sie, dass sich die Beziehungsqualität in der Erziehung und in den Familien in den letzten zwanzig bis 25 Jahren erheblich verbessert habe. Schützt diese Verbesserung nicht vor psychischen Problemen bei Kindern und Jugendlichen?

Zum einen führt diese verbesserte Beziehungsqualität dazu, dass auffällige Kinder schneller in einer Arztpraxis vorgestellt werden, was statistisch den Eindruck hervorruft, dass psychische Probleme in dieser Altersgruppe zugenommen hätten. Gleichzeitig sind die Eltern aber genauso den Mechanismen der durchdringenden Ökonomisierung unserer modernen Gesellschaft ausgeliefert und geben den Druck an die Kinder weiter. Die Folge ist, dass junge Menschen mit der Überzeugung leben, ein Abitur mit einem Durchschnitt unter 1,5 sei heute nichts wert. Für viele ist das wirklich eine Katastrophe, weil sie dann vielleicht tatsächlich nicht das studieren können, wofür sie sich interessieren. Problematisch ist dabei die Tatsache, dass die Kinder und Jugendlichen intrinsisch motiviert sind, d. h. es stehen keine Eltern dahinter, die sie antreiben würden. Oft ist es sogar umgekehrt, die Eltern bremsen ihre Kinder aus und wollen ihnen klarmachen, dass sie nicht unbedingt und um jeden Preis die Besten sein müssen.

Die intrinsische Motivation entsteht aber nicht von alleine, sie wird gewissermaßen von außen erzeugt und verfestigt sich erst mit der Zeit als innere Motivation.

Ja, diese Motivation entsteht durch den äußeren Druck von Peergroups, aber auch durch Lehrer, die den jungen Menschen nahelegen, sie könnten ohne dauerhafte Anstrengung nicht studieren, und ihre Zukunft sei dann ungewiss. Dem wollen die Kinder und Jugendlichen etwas entgegensetzen, und so entsteht ein Teufelskreis, aus dem weder sie selbst noch ihre Eltern herauskommen können. Es führt direkt zu Erschöpfung und Depression.

Angesichts der bereits erwähnten besseren Qualität der Beziehungen innerhalb der Familie dürfte man aber erwarten, dass die Probleme der Kinder entsprechend früh erkannt und ernst genommen werden und infolgedessen auch schneller und effektiver als früher behandelt werden könnten.

Was sollen die Eltern aber tun, wenn sie ihr erschöpftes Kind sehen? Sie sind ja mitgefangen und können dem Kind nicht anraten, in der Schule schlechter zu werden und sich weniger um die Zensuren zu kümmern. Eigentlich müssten sie dem Kind helfen, stressresilienter zu werden, wissen aber nicht, wie sie es machen sollten. In der klinischen Behandlung sagen wir unseren Patienten auch nicht, dass Leistungsorientierung per se etwas Schlechtes ist, sondern vermitteln ihnen, dass es auf das richtige Maß ankommt. Außerdem sind sie bei uns medikamentenpflichtig, weil die Depression in der Regel bereits stark ausgeprägt ist.

Gibt es hinsichtlich des Umgangs mit dem Burnout des Kindes wesentliche Unterschiede zwischen Müttern und Vätern?

Die Väter, gerade in den besser situierten Schichten, sind selbst in diesem Hamsterrad gefangen. Sie sind zwar nicht unmittelbar von Burnout bedroht, arbeiten aber oft zwölf Stunden am Tag, sind ständig unterwegs und machen den eigenen Kindern vor, wie ein Leben mit Arbeit abläuft.

Man kann also den Erwachsenen nicht vorwerfen, sie würden die Kinder mit ihrem Stress und ihrer Erschöpfung nicht ernst nehmen. Sie stecken doch alle im selben Teufelskreis ...

Genau! Im Grunde genommen stecken alle Familienmitglieder in demselben System und kommen da nicht heraus. Die Mütter sind in diesem Hamsterrad genauso erschöpft wie die Väter und letztendlich eben auch die Kinder. Am Ende steht neben der Erschöpfung auch noch die Angst – es sind die beiden Hauptphänomene unserer Zeit.

Angst wovor?

Angst davor, abgehängt zu werden, nicht mehr dazuzugehören, ausgeschlossen zu sein. Die Vorstellung von einer hohen Lebensqualität ist in diesem System überwiegend materialisiert. Dazu kommt, dass z. B. Google von jedem von uns ein individuelles Profil hat und recht genau unsere Bedürfnisse und Kaufgewohnheiten kennt und uns durch geschickte Werbemaßnahmen nahelegt, dass wir wieder ein neues Auto oder sonst einen Gebrauchsgegenstand brauchen. Von Amazon werden wir mit Informationen darüber versorgt, wofür sich andere Käufer interessieren, was noch zusätzlich den Gruppen- oder den Peerdruck verstärkt und die Angst nährt, wir könnten etwas verpassen und dadurch unsere Lebensqualität einbüßen.

Mit der alles durchdringenden Ökonomisierung der gesellschaftlichen Strukturen ist eine der Ursachen für Burnout genannt. Es ist aber nicht der einzige Faktor, der das Leben von Kindern und Jugendlichen bestimmt, wir haben noch den genauso wichtigen Lebensbereich Schule – wie groß ist

deren Einfluss auf die psychische Verfassung unserer Jugend?

In Deutschland ist das Schulsystem vom Prinzip der Demotivierung durchdrungen. Kinder werden oft enttäuscht und zum Teil mit pädagogischen Methoden des Mittelalters konfrontiert, bei denen die Betonung darauf gelegt wird, was sie nicht können und was noch nicht klappt. Die Jahrbücher der deutschen Schulen sind voller demotivierender Lehrersprüche, die davon zeugen, dass viele Lehrer ihren Beruf nicht ernst nehmen. Es gibt ohne Zweifel auch engagierte Lehrer, im Allgemeinen ist aber der Lehrerberuf kein elitärer Beruf, und es sind in der Regel auch nicht die besten Abiturienten, die Pädagogik studieren, was sich natürlich entsprechend auf die Qualität des Schulsystems auswirkt. In der Lehrerausbildung geht es nach wie vor hauptsächlich um die Fächer und weniger um die Pädagogik. Eine wichtige Forderung an das Studium wäre, dass mehr Wert auf pädagogische Psychologie gelegt wird und die künftigen Lehrer erfahren, wie Kinder motiviert werden oder z. B. wie das Langzeitgedächtnis funktioniert.
Auf der anderen Seite geht das Schulsystem mit den Lehrern auch nicht gut um – der Zustand der Schulen ist katastrophal, die Klassen sind viel zu groß, ein Gymnasial-Fachlehrer z. B. unterrichtet über 200 Kinder pro Tag. Es wundert also nicht, dass von allen Berufsgruppen gerade die Lehrer am meisten von Burnout betroffen sind. Lediglich zehn Prozent der Lehrer erreichen die gesetzliche Altersgrenze für den Ruhestand, alle anderen gehen gesundheitsbedingt in den Vorruhestand. Diese Zustände beweisen, dass Bildung in unserem Land nicht den höchsten Stellenwert hat.
Dazu kommt noch, dass es so gut wie keinen guten Lehrer-Eltern-Diskurs gibt. Lehrer meiden den Kontakt mit den sogenannten Helikoptereltern, Eltern glauben oft, Lehrer seien unfähig, und so kommen beiden Seiten selten zu einem wirklichen Austausch.

Der dritte und vielleicht allerwichtigste Einflussbereich ist die Familie. Kinder, die mit sechs Jahren in die Schule kommen, sind keine unbeschriebenen Blätter, sie sind bereits

durch die Sozialisation in der Familie stark vorgeprägt. In der öffentlichen Diskussion über das Wohl unserer Kinder und Jugendlichen scheint der – oft auch negative – Einfluss der familiären Verhältnisse eher in den Hintergrund zu geraten. Wie groß ist dieser Einfluss im Zusammenhang mit dem Burnout in der jungen Generation?

Zum einen ist das bereits erwähnte Prinzip der Ökonomisierung das Grundproblem, das alle Familienmitglieder stark prägt und belastet. Mit dieser Prägung kommen die Sechsjährigen schon in die Schule und glauben dann bereits als Viertklässler, dass ihr Leben gelaufen sei, wenn sie nicht aufs Gymnasium kommen. Die Familie als die kleinste und wichtigste Einheit der Gesellschaft ist der Ort, an dem Werte und Weltbilder vermittelt werden. Wenn hier z. B. der Eindruck entsteht, dass Muttersein nur in Verbindung mit einer Berufstätigkeit etwas wert ist, dann wird dem Kind ein Bild mitgegeben, das es später auch als Lebensentwurf zu verwirklichen versuchen wird.

Ein weiteres wichtiges Thema, das innerhalb des familiären Bereichs gerade in der deutschen Gesellschaft eine wichtige Rolle spielt, ist der historische Hintergrund. Das Trauma des letzten Krieges und die verdrängten und oft totgeschwiegenen Schuldgefühle der Kriegsgeneration finden ihren Niederschlag in Familiendynamiken und beeinflussen die Nachkriegsgeneration und unsere Kinder bis heute. Schuld und Verleugnung vermitteln sich als ein Gefühl der Anstrengung und des Getrieben-Seins an die Kinder und Kindeskinder. Die traumatisierten Großeltern sind in der Regel nicht behandelt worden und haben ihr Erbe unbewusst weitergereicht.

Und nicht zuletzt ist auch die Gegenwart mit vielen Problemen beladen, die den Kindern und Jugendlichen zu schaffen machen. Annährend jede zweite Ehe wird heute geschieden, die alleinerziehenden Eltern und selbst die Eltern in der Kleinfamilie sind nicht imstande, dem Kind das Klima und die Unterstützung zu bieten, die früher in den Großfamilien oder größeren sozialen Gemeinschaften üblich waren. Wir leben heute in einer voll digitalisierten und von unzähligen Medienangeboten beherrschten Welt, in der Kinder Orientierungshilfen und Unterstützung brauchen. Oft wird diese Welt selbst zur Falle und zu einer Ersatzlösung für fehlende Nähe, emotionale Vernachlässigung und alle ungelösten Fragen innerhalb der Familie, mit denen die jungen Menschen sich selbst überlassen sind.

Was ist die Lösung?

Mir geht es nicht darum, fertige Lösungsansätze vorzuschlagen, die Problematik ist viel zu komplex, als dass man konkrete, einfache Lösungen anbieten könnte. Es ist wichtiger, eine Debatte anzustoßen, sich zu fragen, welche Kinder wollen wir haben, zu welchen Erwachsenen sollen sie sich entwickeln, um dann selbst Einfluss auf gesellschaftliche Veränderungen zu nehmen. Welche Schulen wollen wir haben, welche Lehrer, wie sollen Änderungen im bestehenden System erreicht werden?

Solche Debatten sind sicherlich wichtig und überfällig und würden hoffentlich wichtige Impulse aus vielen gesellschaftlichen, politischen und wissenschaftlichen Bereichen beisteuern. Was würden Sie aber hier und jetzt den oft verzweifelten Eltern als Rat oder sogar ärztliche Auflage mit auf den Weg geben, damit sie den eigenen ausgebrannten Kindern helfen bzw. diesem Zustand rechtzeitig verbeugen können?

Den leistungsorientierten Eltern würde ich raten, sich zurückzunehmen und zusammen mit den Kindern zu überlegen, wie diese stressresistenter werden können. Für mehr Stressresistenz braucht man vor allem stärkere Muskeln und mehr Erholung. Es ist also das Wechselspiel zwischen Training und Erholungsphasen, das besser eingeübt werden muss. Eltern müssten auch durch Selbstreflexion und Vorleben von anderen Lebensmustern den Kindern andere Wege und Möglichkeiten zeigen.

WAS KOMMT AUF UNS ZU? EINE WELT IM UMBRUCH

Der zweite Code – Epigenetik

Peter Spork

. . . .

Herr Spork, es steht fest, dass Gene durch äußere Einflüsse nicht verändert werden. Sie sind gewissermaßen die Hardware in unserem Körper und legen fest, wie wir aussehen und welche Eigenschaften unserer Eltern in uns weiterleben. Trotzdem entwickeln sich eineiige Zwillinge zu unterschiedlichen Persönlichkeiten. Wie ist das möglich?

Gene wirken tatsächlich wie ein grobes Baugerüst für unseren Körper und Geist, sie enthalten die Grundinformationen über Proteine und andere Biomoleküle, aus denen unser Körper und alle seine Bestandteile aufgebaut sind. Im Zeitalter der Genetik, in dem das gesamte Humangenom entschlüsselt worden ist, hat man sich immer weiter auf die Gene konzentriert und immer mehr Zusammenhänge zwischen Genen und Krankheiten oder psychischen Eigenschaften entdeckt. Das hat vor allem in der Öffentlichkeit zu der Vorstellung geführt, alle Merkmale und Eigenschaften des Menschen würden dem genetischen Code gehorchen. Diese völlig vereinfachte Sicht der Dinge ist aber falsch. Abgesehen von solchen seltenen monogenen Erbleiden wie Mukoviszidose oder familiärem Brustkrebs haben wir es in der Regel mit hochkomplexen Krankheiten oder Eigenschaften zu tun, die von vielleicht 500 bis 5000 Genen zugleich beeinflusst werden. Die Genregulation aber, d. h. die Entscheidung, welche dieser Gene in den Zellen aktiviert werden und welche nicht, wird von der Umwelt beeinflusst, und erst aus dem Zusammenspiel von Umwelt und Erbe entstehen Eigenschaften der Persönlichkeit und der Grad der Krankheitsanfälligkeit. Hier kommt die Epigenetik ins Spiel. Viele Studien aus der Zwillingsforschung beweisen tatsächlich, dass sich eineiige

Zwillinge epigenetisch teilweise stark voneinander unterscheiden. Die Unterschiede zeigen sich umso stärker, je unterschiedlicher die jeweiligen Lebensverhältnisse der Zwillinge waren und je älter sie sind. Die Umwelt hinterlässt also auf der molekular-biologischen Ebene ihre Spuren in dem epigenetischen Code und erhöht so das Risiko, dass einer der Zwillinge z. B. an Diabetes erkrankt, der andere aber nicht.

Es gibt also neben den genetisch festgelegten Informationen Programme, die unser Leben, d. h. unsere Eigenschaften und unsere Gesundheit steuern.

In der Tat. Diese epigenetischen Programme sind das wichtigste Werkzeug der Genregulation. Es ist eine Art Software, die dem genetischen Computer Anweisungen erteilt, wie er seine Hardware einsetzen soll. So können aus dem gleichen genetischen Satz z. B. Leberzellen, Hautzellen, Nervenzellen und ca. 200 weitere Zellentypen entstehen. Das passiert nicht durch Veränderung der Gene, sondern durch das Einsetzen des epigenetischen Programms, das die Zelle dazu veranlasst, aus ihren genetischen Informationen diejenigen auszulesen, die sie z. B. zu einer Leberzelle werden lässt. Auf einer höheren Ebene kann das ein Programm sein, das einen Menschen z. B. zu einer resilienten und ausgeglichenen Persönlichkeit reifen lässt oder aber seinen Hirnstoffwechsel so verändert, dass er stressempfindlich, reizbar, aggressiv und anfällig für psychische Krankheiten wird.

Epigenetik scheint eine Brücke zwischen Biologie und dem Verständnis sozialer Prozesse zu sein. Dabei könnte der Eindruck entstehen, dass der Einfluss der Umwelt auf unsere persönliche Entwicklung sogar stärker ist als das biologische Erbe.

In der uralten Erbe-Umwelt-Diskussion wurde immer wieder versucht, beide Bereiche auseinanderzudividieren und bestimmte Merkmale oder Krankheiten anteilsmäßig einem dieser Bereiche zuzuschreiben. Ich würde nicht sagen, dass das Pendel jetzt in Richtung Umwelt ausschlägt. Durch die Entwicklung der Epigenetik stellt sich die Frage nach dem Gegensatz Erbe versus Umwelt gar nicht mehr, weil die Epigenetik tatsächlich zu einer Brücke zwischen biologischen und sozialen Prozessen geworden ist. Es gab schon früher zahlreiche Versuche, den Kontinent der Biologie mit dem Kontinent der Soziologie, d. h. der Umwelteinflüsse, zu verbinden, die Psychosomatik ist hier ein Beispiel unter vielen. Jetzt sehen wir dank der Epigenetik, dass alle komplexen Merkmale nicht die Summe von Erbe und Umwelt sind, sondern das Produkt dieser beiden Einflussgrößen. Das Erbe ist ohne die Umwelt nichts, die Umwelt hat ohne das Erbe keine Macht. Denn es ist immer das Zusammenspiel aus Erbe und Umwelt, das sich in der Genregulation äußert. Und erst dieses bestimmt wirklich unsere Merkmale. Haben wir es z. B. mit einer tödlichen genetischen Krankheit zu tun, bedeutet das eine Multiplikation mit null, sodass auch bei den besten äußeren Bedingungen das Ergebnis ebenfalls tödlich sein wird. Umgekehrt ist es genauso – ein Kind mag auch die besten genetischen Voraussetzungen aufweisen, wenn es aber in einer extrem ungünstigen Umgebung aufwächst, die z. B. von wiederholtem Missbrauch, Alkoholkrankheit der Eltern und traumatischen Erlebnissen geprägt ist, wird das sein Potenzial untergraben oder im Extremfall sogar tödlich enden.

Diese Erkenntnisse zeigen uns, dass wir keine Marionetten unserer Gene sind und durch Änderung der Lebensweise Einfluss auf die biochemischen Prozesse in unserem Körper nehmen können. Ist das der Schlüssel zu Freiheit?

Die Epigenetik schenkt uns in der Tat eine große Freiheit, aber gleichzeitig auch eine enorme Verantwortung, also zwei Phänomene, die immer miteinander verbunden sind. Mit der Verantwortung ist hier in erster Linie die Sorge um unsere Gesundheit gemeint, mit Freiheit die Krankheitsprävention. Wir können unsere gegenwärtigen Lebensbedingungen so steuern, dass wir bestimmen, wie wir uns ernähren, wie aktiv wir körperlich sind, wie viel Stress wir in unserem Alltag zulassen. Hier ist der Bereich unserer tatsächlichen Einflussnahme auf das eigene Leben und die Gesundheit. Zu der Umweltkomponente gehören aber auch die Einflüsse aus der Vergangenheit – sowohl meiner persönlichen, aber auch der meiner Vorfahren –, auf die wir keinen Einfluss mehr haben. Wir können also lediglich unsere jetzige Lebensweise und unsere Gewohnheiten ändern, nicht aber die längst vergangene Prägung unseres Wesens und unsere genetische Ausstattung.

Die epigenetische Erkenntnis „Wer sein Leben ändert, ändert auch seinen Körper und Geist" ist aus spiritueller, aber auch aus medizinischer Perspektive nicht unbedingt etwas Neues. Ist die Epigenetik also nur eine wissenschaftliche Erklärung des bereits Bekannten?

Noch vor zwanzig Jahren wäre man nach der Äußerung dieser Weisheit der Esoterikszene zugerechnet worden. Das Neue an der Epigenetik ist die Tatsache, dass sie mithilfe von Biomarkern zeigt, wie die Veränderung der Lebensweise molekularbiologische Vorgänge in den Zellen auslöst. Dadurch wird eine strikte Trennung zwischen den Behauptungen und Versprechungen der Esoterik und den tatsächlich messbaren und nachweisbaren Veränderungen auf der molekularen Ebene der Zellen möglich. Früher waren wir auf der Suche nach dieser Beweiskraft auf die Epidemiologie angewiesen, es wurde versucht, statistische Zusammenhänge zwischen bestimmten Lebensweisen und dem Auftreten konkreter Krankheiten aufzuzeigen, ohne die Ursachen dieser Zusammenhänge erklären zu können. Die Epigenetik kann dagegen zum Beispiel zeigen, dass nach sechs Monaten regelmäßigen Joggens an 6000 Genen der Fettzellen epigenetische Änderungen auftreten.

Die Prägung unserer Eigenschaften durch die Umwelt verfestigt sich in Form der sogenannten epigenetischen Landschaft, die mit der Zeit immer stabiler wird und schwer zu ändern ist. Wie groß sind die Chancen, diese Landschaft mit

zunehmendem Alter noch zu modifizieren oder bestimmte Entwicklungen sogar rückgängig zu machen?

Es ist nicht leicht, diese Frage eindeutig zu beantworten. Je stärker und je langfristiger bestimmte Umwelteinflüsse in der Vergangenheit waren, umso schwieriger wird es sein, deren Folgen zu mildern, geschweige denn diese rückgängig zu machen. Das betrifft in besonderem Maße die psychischen Eigenschaften. Bei jemandem, der in der frühen Kindheit vernachlässigt oder gar misshandelt worden ist, wird das Risiko, an einer Depression zu erkranken, eindeutig erhöht sein. Wir wissen heute, dass dies mit epigenetischen Veränderungen der Gehirnzellen zusammenhängt. Für einen solchen Menschen ist es viel wichtiger als für jemanden mit einer glücklichen Kindheit, im aktuellen Leben Veränderungen vorzunehmen, die dem erhöhten Krankheitsrisiko entgegenwirken, z. B. eine Psychotherapie zu beginnen, bewusster mit Stress umzugehen, für ausreichend Schlaf zu sorgen oder körperlich aktiver zu werden. Das Bahnbrechende an der Epigenetik besteht darin, dass sie uns erlaubt, die mit einer Therapie oder Umstellung der Lebensweise einhergehenden Veränderungen zu messen und deren positive Wirkungen nachzuweisen. Aufgrund solcher Erkenntnisse wird man vielleicht sogar Behandlungsmethoden entwickeln, wie z. B. eine epigenetisch basierte Psychotherapie, und die Heilungschancen einschätzen. Derart gezielte und auf das individuelle Epigenom des Patienten abgestimmte Therapien wird es aber möglicherweise erst in zwanzig bis dreißig Jahren geben.

In welchen Lebensphasen setzen die epigenetischen Veränderungen ein, und wann haben sie das größte Potenzial, unsere Gesundheit und unsere psychische Verfassung zu beeinflussen?

Aus Tierexperimenten, bei denen recht intensive und viel wirksamere Eingriffe möglich und erlaubt sind, wissen wir heute ziemlich genau, dass die Schwangerschaft und – auf den Menschen übertragen – das erste Lebensjahr die prägendsten epigenetischen

Phasen sind. Es ist die Zeit, in der alle Organe und Hormonsysteme des Körpers sich entwickeln und reifen. Die Reifung ist an sich bereits ein epigenetisch gesteuertes Programm. In diesem Zeitraum sind die Zellen deshalb noch sehr flexibel, sodass Umwelteinflüsse hier besonders starke Wirkung zeigen. In der epigenetischen Landschaft sind die Berge noch sehr niedrig, und leichte Richtungsänderungen ziehen große Veränderungen in der Gesamtentwicklung nach sich. Im späteren Lebensverlauf, wenn die Organe bereits voll entwickelt und die Berge in der epigenetischen Landschaft viel höher sind, ist es erheblich schwieriger, z. B. eine Neigung zu Fettsucht über eine Änderung des Lebensstils epigenetisch so umzuprogrammieren, dass der Stoffwechsel wieder stabil wird.

Und welche Einflussfaktoren spielen dabei die größte Rolle? Gibt es hier eine Art Rangliste?

Eine Rangliste gibt es nicht. Diese Einflussfaktoren wirken ja in unterschiedlichen Systemen des Körpers. Die Ernährung z. B. ist wichtig für den Körperstoffwechsel, wobei der Stress auch hier eine gewisse Rolle spielt. Wir wissen heute, dass z. B. Diabetes zum Teil auch eine stressbedingte Krankheit ist, sodass in diesem Fall Ernährung und Stress zwei sich ergänzende Faktoren sind. Bei psychischen Krankheiten, aber auch bei positiven psychischen Eigenschaften, wie z. B. der Resilienz, sind natürlich die psychischen Faktoren, beispielsweise der toxische Stress in der Kindheit oder die Qualität der Eltern-Kind-Bindung, die wichtigsten Einflussgrößen. Ein anderes Beispiel wäre die körperliche Leistungsfähigkeit, bei der die wichtigsten Faktoren physische Aktivität und regelmäßiges Training sind. Hier würden Ernährung und Stress als die nachgeordneten Größen eingestuft werden. Nichtsdestotrotz kann man aber sagen, dass in der Gesamtbilanz der psychische Einfluss der allerwichtigste ist, weil er sich auf alle Systeme des Körpers und der Psyche auswirkt. Auch bei solchen Beispielen wie dem niederländischen Hungerwinter im Zweiten Weltkrieg, in dem viele Schwangere monatelang extremer Unterernährung ausgesetzt waren, haben wir es auch mit einer starken psychischen Belastung der Frauen zu tun, die sich ergänzend zur Mangelernährung negativ auf die Entwicklung und die psychische Gesundheit der Kinder ausgewirkt hat. Letztlich kommt es gerade in der embryonalen Phase auf das Zusammenspiel aller Faktoren an.

Da stellt sich wiederholt die Frage, wie stark und wie stabil ist die epigenetische Prägung der ersten Erfahrungen, oder anders gefragt, in Anlehnung an den Neurobiologen und Psychiater Joachim Bauer: Wie stark ist das „Gedächtnis des Körpers", und wie können wir damit umgehen?

Unsere Freiheit, mit diesem „Gedächtnis des Körpers" umzugehen, kann vorwiegend im Bereich der Prävention liegen. Nur durch die Änderung unseres Lebensstils können wir uns in eine positive Richtung entwickeln und so die eigene Lebenserwartung steigern, psychische Stabilität erlangen und größere Immunität gegen Krankheiten, einschließlich Krebs, erreichen.

Werden die epigenetischen Veränderungen auch weitergegeben, ähnlich der genetischen Vererbung?

Die Epigenetik liefert uns derzeit immer mehr Hinweise darauf, dass die vorbeugende Wirkung einer positiven Lebensweise sich auch auf folgende Generationen auswirkt. Die Zellen haben tatsächlich eine Art Gedächtnis für Umwelteinflüsse, das unter Umständen sogar bis in die Keimbahn vordringt, dort die epigenetische Information von Ei- und Keimzellen verändert und so an die folgende und sogar an die übernächste Generation weitergegeben wird. Wir wissen aus der epigenetischen Forschung auch, dass z. B. Stress oder starkes Rauchverhalten beim Vater die Epigenetik seiner Spermien verändern. Diese vor der Zeugung gespeicherten Veränderungen werden also auf das Kind übertragen und beeinflussen es zeitlebens. Daher sind Gesundheit und Persönlichkeit generationsübergreifende Prozesse, die ich genauer in dem Buch „Gesundheit ist kein Zufall" beschreibe. Unsere Gesundheit fängt bei den Großeltern an, wird während der Schwangerschaft und unmittelbar nach der Geburt entscheidend geprägt und hört bei den Enkeln nicht auf.

Meine Großeltern sollen meinen Gesundheitszustand beeinflusst haben?

Ja. Ich meine, dass die Biologie der Vererbung neu geschrieben werden muss. Die Gene selbst werden natürlich weitgehend unverändert an die Kinder und Kindeskinder weitergegeben, die Evolutionsbiologie behält also weiterhin ihre Gültigkeit. Offenbar bedeutet Vererbung aber mehr als nur Genetik. Auch epigenetisch gespeicherte Informationen werden nach neuesten Erkenntnissen gelegentlich vererbt. Das Erbgut besteht ja nicht nur aus Genen, sondern auch aus anderen Bestandteilen des Chromatins und ganz viel DNA-Material, das keine Gene kodiert, sondern die Genregulation überwacht. Hier setzen die Schalter der epigenetisch gesteuerten Umweltanpassung an, und auch diese werden mitunter vererbt. Das wirft ein völlig neues Licht auf unser Verständnis von Vererbung. Es ist in vielen Tierexperimenten, auch bei Säugetieren, nachgewiesen worden, und man kann daher stark annehmen, dass diese Art der Vererbung auch beim Menschen vorhanden ist. Eine solche geerbte Umweltanpassung verschwindet aber wieder, sobald die sie auslösenden Umweltbedingungen sich in den folgenden Generationen nicht wiederholen. Denn sie beeinflussen die Genregulation und nicht die Gene selbst. Hinzu kommt die besonders wichtige Phase der perinatalen Programmierung, d. h. die Prägung aus der Zeit beginnend kurz vor der Zeugung bis ungefähr zum Ende des ersten Lebensjahres. Jetzt bestimmen die Eltern die Umwelt des Kindes, sie sind diese teils geradezu. Auch auf diesem indirekten Weg geben die Eltern Umweltanpassungen als molekularbiologisch gespeicherte Programme an ihre Kinder weiter. Es existieren folglich sogar zwei Wege der nichtgenetischen biologischen Vererbung, die zwar nicht den genetischen Code benützen, aber sehr wohl Strukturen an und in unserem Erbgut.

Einige Theorien gehen aber davon aus, dass eine längere, über mehrere Generationen fortwirkende Umwelteinflussnahme das Genom selbst sehr wohl verändern kann.

Das ist immer noch eine offene Frage. Selbst wenn sich die bisher geäußerten Theorien, wie eine solche gezielte genetische Veränderung funktionieren könnte, eines Tages im Experiment bestätigen lassen, wird deshalb sicher nicht die Darwin'sche Evolutionstheorie vom Sockel gestoßen. Sie wird allenfalls etwas modifiziert. Evolution und Umweltprägung sind vermutlich nicht völlig voneinander getrennt, wie man es früher angenommen hatte, aber sie sind für unterschiedliche Zeithorizonte zuständig: Evolution wirkt über hunderte bis tausende von Generationen hinweg, Umweltanpassung innerhalb von Tagen oder Wochen bis hin zu zwei bis drei Generationen.

Müssten die wissenschaftlichen Erkenntnisse der Epigenetik nicht ganz konkrete Folgen und Verpflichtungen für den Staat nach sich ziehen – also bessere Versorgung für Kinder und Familien, schärfere Gesetze für Umweltschutz und Lebensmittelindustrie, bessere Bildungs- und Arbeitsbedingungen usw.?

Ja. In meinen Augen ergibt sich aus den Erkenntnissen der Epigenetik, sozusagen als Resultat der neuen Freiheit, eine große Verantwortung für die ganze Gesellschaft, also auch für die Politik. Der Staat sollte werdende Eltern im Hinblick auf die Krankheitsprävention unterstützen, und zwar bereits monatelang vor der geplanten Zeugung, während der Schwangerschaft und dann bis zu drei Jahren nach der Geburt, z. B. müsste übergewichtigen oder depressiven Eltern noch vor der Zeugung mit entsprechenden Therapien geholfen werden. Das sollte selbstverständlich nicht zu Stigmatisierung führen und sich nur auf Situationen beschränken, die für die Menschen außergewöhnliche Belastungen darstellen, mit denen sie alleine nur schwer fertig werden. Es wären u. a. intensive Hebammen-Betreuungsprogramme nötig, mehr Entlastung und Unterstützung für werdende und junge Eltern z. B. durch vom Staat subventionierte Sportangebote, später mehr Sportunterricht für die Kinder, bessere Ernährung im Kindergarten und in der Schule usw.

Es sind alles Vorschläge und Ideen, die angesichts der angespannten staatlichen Finanzen und des fortschreitenden Abbaus des Sozialstaates unrealistisch scheinen.

Das in diesen Bereichen investierte Geld des Staates würde sich in vielfacher Weise zurückzahlen, allerdings erst zwei bis fünf Jahrzehnte später. Es ist wirklich schwer, Menschen – und vor allem auch Politiker – von der Bedeutung der Gesundheitsinvestitionen in die allerjüngsten Bürger zu überzeugen, weil man den direkten Zusammenhang zu späteren positiven Effekten nicht sieht.

Ist Lernen nicht im gewissen Sinne auch ein epigenetischer Vorgang, und müsste der Staat deswegen auch innerhalb des Schulsystems die Erkenntnisse der Neurobiologie und der Epigenetik nicht viel ernster nehmen?

Man muss hier zwischen der epigenetischen Programmierung und dem klassischen, neurobiologischen Lernen unterscheiden. Der Lernvorgang funktioniert durch Neubildung und Verstärkung von Nervenzellenverbindungen im Gehirn. Doch auch dieser eigentlich rein neurobiologische Prozess basiert natürlich auf epigenetischen Veränderungen in den Zellen und wird vom epigenetisch geprägten Hirnstoffwechsel beeinflusst. Die Epigenetik setzt also sozusagen eine Ebene tiefer an als das schulische Lernen: Besonders früh, möglichst sogar noch vor der Schule ansetzende Präventionsmaßnahmen und Bemühungen der Gesellschaft schaffen nämlich erst die biologischen Voraussetzungen dafür, dass das spätere Lernen besonders gut funktioniert. Weil sich das Gehirn zudem während der Schulzeit noch intensiv weiterentwickelt, hat auch jetzt noch die epigenetische Prägung bestimmter Systeme wie z. B. der Stressregulation eine große Bedeutung und einen enormen Einfluss auf die Gesamtentwicklung des Kindes. Zum Thema „Veränderungen im Schulsystem" und zu den unterschiedlichen Lernmethoden können vielleicht Neurobiologen mehr als Epigenetiker sagen. Aus der Genregulationsforschung wissen wir heute aber sehr genau, dass gerade in den ersten drei Lebensjahren eine starke Prägung vieler Eigenschaften erfolgt, die später unter Umständen nur noch schwer zu verändern ist und die die Fähigkeit zum Lernen maßgeblich beeinflusst. Das macht die Bildung im Kindergarten und in der Schule nicht weniger wichtig. Wenn man sich aber nur auf die Veränderungen des Schulsystems konzentriert, vernachlässigt man vielleicht jene zwanzig bis dreißig Prozent der Kinder, die bereits in der Vorschulzeit eine problematische oder gar traumatische Entwicklung durchgemacht haben. Viele in dieser sensiblen Zeit geprägte Eigenschaften entscheiden darüber mit, ob der spätere Bildungsprozess gelingt oder scheitert. Wenn z. B. ein Kind aus der frühen Lebensphase eine gestörte Bindungsfähigkeit davongetragen hat und dadurch enorme Konzentrationsprobleme hat, dann wird möglicherweise auch die bestens optimierte Schule seine Probleme nicht lösen können.

Andere Themenbereiche der epigenetischen Forschung sind Krankheiten und das Altern. Ist das Altern auch eine Art epigenetische Veränderung, die theoretisch aufgehalten oder gar rückgängig gemacht werden könnte? Kann die Epigenetik uns Unsterblichkeit bringen?

Auf der Ebene der Zellen haben wir bereits eine Art Unsterblichkeit erreicht. Man kann heute z. B. aus einer Hautzelle durch das Umprogrammieren ihrer Epigenetik wieder eine Stammzelle machen, sodass sie wieder in den eigenen Urzustand zurückkehrt und im gewissen Sinne total verjüngt wird. Auf diese Weise würde dann aber lediglich ein Klon entstehen, sodass die Frage nach der Unsterblichkeit des konkreten Individuums nicht gelöst wäre. Ein anderer Aspekt ist die Lebenserwartung des Menschen, die in den reichen Industrieländern seit ca. 150 Jahren kontinuierlich ansteigt, im Schnitt alle vierzig Jahre um zehn Jahre. Dieser Trend scheint im Moment ungebrochen und ist natürlich nicht auf genetische Veränderungen zurückzuführen, sondern auf Umwelteinflüsse. Vieles hängt mit steigendem Wohlstand, mehr Hygiene, besserer medizinischer Versorgung, gesünderer Lebensweise und weniger Stress zusammen. Und sehr vieles davon verändert unsere Epigenetik.

Es würde heißen, dass die wohlhabenden Gesellschaften durch die Verbesserung der Lebensbedingungen auf eine genetisch vorprogrammierte Lebenserwartung zusteuern, die weit jenseits unserer bisherigen Vorstellungen liegen könnte.

In der Tat. Wir können das Altern ähnlich betrachten wie eine komplexe Krankheit, die durch die Regulation tausender von Genen zugleich beeinflusst wird. Übrigens scheint auch dieser Prozess epigenetisch gesteuert zu sein. Die Frage, die uns interessiert, ist jedoch, wie beeinflusse ich durch einen veränderten Lebensstil die Genregulation möglichst vieler am Alterungsprozess beteiligten Gene derart positiv, dass in der Bilanz die gesamte Lebensspanne verlängert wird. Derzeit sind viele Wissenschaftler der Meinung, dass die Grenze der Lebenserwartung beim Menschen bei ca. 125 Jahren liegt. Es ist aber nicht auszuschließen, dass sie bei einer Optimierung aller möglichen Umwelteinflüsse sogar bei 150 Jahren liegen könnte. Es wird angenommen, dass die Lebenserwartung eines Menschen zu etwa 25 Prozent durch die Gene festgelegt ist und auch durch die besten Lebensbedingungen nicht beliebig verlängert werden kann. Es wird also immer eine Mischung aus den zwei grundlegenden Aspekten bleiben – welches Potenzial ist in den Genen enthalten, und wie schaffe ich es, dieses maximal auszureizen. Das Gute an dieser Erkenntnis ist nach wie vor, dass es trotz der genetischen Vorbestimmung unseres Alters einen Freiheitsbereich gibt, in dem wir großen Einfluss – nämlich zu 75 Prozent – auf die Länge unseres Lebens haben.

Das wäre der Bereich, in dem der Einzelne selbst die Qualität und die Länge seines Lebens beeinflussen kann. Wie könnte man aber auf die Gesundheit epigenetisch von außen einwirken, z. B. durch die bereits erwähnte epigenetisch basierte Psychotherapie oder neue Generationen von Psychopharmaka, die psychische Leiden heilen?

Für die Pharmakologie ist die Epigenetik eine große Chance, epigenetische Schalter möglichst gezielt so zu verstellen, dass die Programmierung der Zellen sich ändert. Das gilt natürlich für den Bereich der Psychopharmaka, in dem alle derzeit eingesetzten Medikamente auf Mechanismen einwirken, die schon sehr lange bekannt sind. Hier hofft man, dass durch die Epigenetik völlig neuartige, hochwirksame Wirkstoffe entwickelt werden können, deren Wirkung auf neuartigen Mechanismen beruhen. In Tierversuchen gibt es bereits große Erfolge bei der Heilung psychisch bedingter Leiden, es bleiben aber noch viele offene Fragen in Bezug auf die Nebenwirkungen. Das Gleiche gilt aber auch nicht nur für psychische Krankheiten, es gibt bereits epigenetische Medikamente, die bei bestimmten Blutkrebsarten eingesetzt werden. Alle großen Pharmafirmen arbeiten an der Entwicklung solcher Stoffe, die entweder die DNA-Methylierung verändern oder den Histon-Code umschreiben.

Könnte Epigenetik eine wichtige Ergänzung der Stammzellenforschung werden oder sie in der Zukunft sogar ersetzen?

Im Grunde ist Stammzellenforschung angewandte Epigenetik. Die Epigenetik legt die Identität der Zelle fest, und in der Stammzellenforschung geht es darum, einen genetisch identischen Organersatz für einen Menschen zu finden, der z. B. Diabetes hat, weil seine Inselzellen in der Bauchspeicheldrüse nicht mehr funktionieren. Die Epigenetik soll also dabei helfen, z. B. aus einer Hautzelle eine pluripotente Stammzelle zu machen, aus der dann wieder eine Insel- oder Nervenzelle wird. Stammzellenforschung und Epigenetik sind also zwei Seiten einer Medaille, die Epigenetik wird die Stammzellenforschung nicht ersetzen, sondern eher befruchten, sie erklärt, wie aus spezialisierten Zellen wieder pluripotente Stammzellen werden können. Außerdem ermöglicht sie bereits, aus einer Hautzelle direkt eine Nervenzelle entstehen zu lassen, ohne den Umweg der Rückkehr zu einer Stammzelle.

Um von der abgehobenen Wissenschaftsebene zum Alltag zurückzukehren, zum einzelnen Menschen und seiner Verantwortung für sein Leben – was wäre Ihre epigenetische Botschaft?

Wir haben durch die Art, wie wir leben, die Möglichkeit, unsere Molekularbiologie bis in jede unserer dreißig Billionen Zellen hinein zu verändern. Die Gene in unseren Zellen sind von Natur aus darauf ausgerichtet, mit uns und unserer Umwelt zu kommunizieren. Dieser Umstand sollte für uns eine besonders große Motivation sein, unser Leben und unser Schicksal selbst in die Hand zu nehmen: Wir können unsere seelische und körperliche Gesundheit beeinflussen, wir können mitbestimmen, wie widerstandsfähig wir sind und wie lange wir leben. Und weil wir einen Teil unserer Prägung sogar vererben, haben wir auch die Persönlichkeit, Lebensqualität und Gesundheit unserer Kinder und Kindeskinder ein Stück weit in der Hand.

Letztendlich könnte man es sogar philosophisch abschließen: Wir sind selbst dafür verantwortlich, dass das Leben von uns und unseren Kindern besser wird.

Familienbande in einer individualisierten Gesellschaft

Barbara Bleisch

....

Frau Bleisch, rührt die Behauptung, dass wir unseren Eltern nichts „schulden", nicht an den Grundfesten unserer Kultur?

Ich würde sagen – jain. Auf der einen Seite ist die Familie wie kein anderes Beziehungsgeflecht von Konventionen überlagert. Es ist ein Verhältnis, das sehr stark auch damit zu tun hat, wie wir uns als Gesellschaft organisieren. Gleichzeitig wissen wir aber, dass Gesellschaften sich wandeln, was uns dazu veranlassen sollte, über Beziehungen und Bindungen neu nachzudenken. Wir gehen heute stärker als früher von individualisierten Lebensentwürfen aus, Familienbeziehungen werden zum Teil auch rein geografisch gespreizter durch das neue, arbeitsbedingte Nomadentum. Dadurch brechen die Fragen nach den Verhältnissen innerhalb der Familie neu auf.

Über solche Fragen neu nachzudenken, ist nicht das Gleiche wie zu behaupten: „Wir schulden unseren Eltern gar nichts". Rütteln Sie da nicht an einem Naturrecht?

Meine These „Wir schulden unseren Eltern gar nichts" ist pointiert und gibt zugegebenermaßen nicht die gesamte Perspektive dieser Fragestellung wieder. Ich versuche zu zeigen, dass alleine die Tatsache, Kinder unserer Eltern zu sein, kein hinreichender Grund ist, eine Verpflichtung ihnen gegenüber zu begründen. Eine solche Verpflichtung sollte in erster Linie aus einer guten Beziehung zwischen Kindern und Eltern resultieren.

Eine angenommene Schuld gegenüber den Eltern wäre auch deswegen problematisch, weil man eine Schuld grundsätzlich abzahlen kann, wodurch diese Begründung sich selbst aufheben würde.

Ganz genau. Es ergibt keinen Sinn, eine Parallele zwischen dem Gläubiger-Schuldner-Verhältnis und der Eltern-Kind-Beziehung zu zeichnen. Die Frage nach der Verpflichtung der Kinder stellt sich als eine lebenslange Aufgabe und sollte nicht durch das Abzahlen einer Schuld „erledigt" werden können. Außerdem enthält ein Gläubiger-Schuldner-Verhältnis gewöhnlich das Moment der Einwilligung, was im Falle von Kindern nicht gegeben ist. Kinder haben nicht die Möglichkeit, sich die Eltern auszusuchen und mit ihnen einen Verpflichtungsvertrag abzuschließen. Das dritte Gegenargument sehe ich darin, dass zwischen Gläubigern und Schuldnern ein einseitiges Verhältnis herrscht. Der Gläubiger ist in Vorleistung gegangen, der Schuldner muss zurückzahlen. Doch Eltern erhalten von ihren Kindern auch eine Menge – an Liebe, Glück, Lebenssinn. Kinder allein als Schuldner zu sehen verkennt, wie viel Freude Kinder auch in unser Leben bringen können.

Das Spielen mit der Schuld schafft in der Regel auch eine emotionale Distanz und ist mit einer liebenden, reifen Beziehung schlecht vereinbar ...

Ja, Schuld kann Menschen zwar aneinander binden, aber in einer negativen Weise, sie ebnet nicht den Weg für einen fruchtbaren Austausch, für eine Beziehung auf Augenhöhe, in der sich beide Seiten als gleichwertige Partner begegnen können.

Durch die Idee der Schuld lässt sich also eine Verpflichtung offensichtlich nicht begründen. Aber sind wir den Eltern nicht zumindest zu Dank verpflichtet für das Geschenk des Lebens?

Bei der Dankbarkeit müssen wir, glaube ich, zwischen der propositionalen und der präpositionalen Art unterscheiden. Bei der ersten handelt es sich um eine Haltung – ich bin dankbar, dass heute die Sonne scheint, dass ich gesund bin und in einem reichen Land lebe. In diesem Sinne kann ich auch Dankbarkeit empfinden, dass ich gute Eltern habe, falls dies der Fall ist. Thomas von Aquin hielt diese Art von Dankbarkeit sogar für die erste Tugend, sie ist ein soziales Schmiermittel, das uns hilft, freundlicher und einander zugewandt zu sein, eine gewisse Demut an den Tag zu legen und anzuerkennen, dass nicht alles, was uns zufällt, selbstverständlich ist. Das hilft uns aber nicht weiter bei der Frage: Was schulden wir unseren Eltern? Dafür wäre die präpositionale Dankbarkeit gefragt ...

... die wiederum mit der Frage zusammenhängt, wofür kann ich dankbar sein, und somit mit dem Gläubiger-Schuldner-Verhältnis verwandt ist ...

Das ist tatsächlich problematisch, weil ich hier wieder Angaben darüber machen müsste, was es heißt, dankbar zu sein und wie sich die Dankbarkeit äußern sollte. Und das ist schwierig. Wenn Sie mir bei irgendetwas helfen und dafür von mir Dankbarkeit erwarten, kann ich Ihnen einfach versichern, dass ich sehr dankbar bin. Wie ich allerdings die Dankbarkeit zum Ausdruck bringe, kann total unterschiedlich sein – manche Menschen schreiben Briefe, andere bringen einen Blumenstrauß, es ist aber immer nur ein Akt der konkreten Dankbarkeit für eine bestimmte Tat, eine Hilfestellung oder sonstige gute Handlungen, welcher Art auch immer. Dieses Konzept der Dankbarkeit hilft uns aber bei der Frage, wie wir mit unseren Eltern umgehen sollen, auch nicht unbedingt weiter, es liefert uns dafür zu wenig Informationen.

Dieses Konzept würde auch verschiedene Grade der Dankbarkeit erfordern, die wiederum von Qualität und Umfang der elterlichen Erziehung abhängig wären. Und da hätten

sicherlich nicht alle Kinder den gleichen Grund zur Dankbarkeit ...

Richtig, Kafka hätte zum Beispiel überhaupt keinen Grund, dankbar zu sein, genauso wenig wie viele andere Kinder auf dieser Welt. Deshalb müssen wir weiter nach der Antwort auf die Frage suchen: Gibt es etwas, das uns als Kind unserer Eltern verpflichtet, ihnen gegenüber besonders verbunden zu sein?

Ihr Vorschlag ist, das auf Schuld und Dankbarkeit basierende transaktionale Modell durch das in der Freundschaft begründete relationale Modell zu ersetzen. Kommen Sie damit weiter?

Ich komme insofern weiter, dass ich in diesem Modell von der Idee des Austauschens wegkomme und mich den Fragen nähere: Was sind wir füreinander? Wie ist unsere Beziehung? Ich halte Freundschaft deswegen für ein gutes Übungsfeld, weil hier nicht die Idee der Transaktion im Vordergrund steht, sondern die Frage der Relation, also die Frage danach, was diese Beziehung uns bedeutet und welche Gründe sie uns gibt, in besonderer Form füreinander Sorge zu tragen. Auch wenn dieses Modell informativer ist als das Konzept der Dankbarkeit, können wir nicht behaupten, dass die Eltern-Kind-Beziehung sich mit dieser Parallele vollständig erfassen lässt. Wenn ein Freund beispielsweise nicht mehr für einen da ist, würde man ihn kaum an seine Pflichten erinnern, sondern eher fragen: „Bist du denn gar nicht mehr mein Freund?" Anders gesagt – wir können Freundschaften aufgeben, sie können versanden, Freunde können sich auseinanderleben. In Familienbeziehungen ist das anders: Wir können zwar den Kontakt abbrechen, aber wir hören nicht auf, Töchter, Söhne oder Eltern zu sein. Wenn sich die Tochter für ihre Mutter nicht mehr interessiert, würde diese deshalb eher darauf beharren, immerhin deren Mutter zu sein, anstatt zu fragen: „Bist du nicht mehr meine Tochter?"

Sie sehen in der Familie ein „Trainingslabor für geistige Offenheit und Horizonterweiterung". Ist das wirklich immer so?

Ich versuche zu zeigen, dass selbst, wenn wir zu dem Schluss kommen, dass wir unseren Eltern nichts schulden, wir immer noch nach Gründen fragen können, warum wir meist an der Familie festhalten. Und ich glaube, dass wir tatsächlich in vielen Fällen guten Grund dazu haben! Natürlich gibt es auch zerstörerische Verhältnisse innerhalb von Familien, die es den Betroffenen schwermachen, diese Ansicht zu teilen. Grundsätzlich aber halte ich die Familie in der Tat für ein Trainingslabor für geistige Offenheit, und zwar deshalb, weil wir einander nicht wählen können. Auch wenn die Beziehungen in der Familie manchmal schwierig und behindernd sind, können sie eine positive Kraft entwickeln, die sich aus der Herausforderung speist, mit anderen Denkweisen und Charakteren umgehen zu müssen, die wir sonst nie freiwillig als Lebensbegleiter wählen würden. Wir kommen dadurch in Kontakt mit Sichtweisen, die uns aus unseren Filterblasen herauslocken. Familie entlastet uns teilweise auch von dem Druck, immer etwas oder jemanden wählen zu müssen, was in der heutigen „Müdigkeitsgesellschaft" (Byung-Chul Han) für viele zu einer immer größeren Belastung wird.

Sehr oft findet man aber nicht die Kraft, sich von den inneren Zwängen und dem Gruppendruck der Familie zu lösen, um diese geistige Offenheit wirklich zu entwickeln ...

Ich glaube, wir müssen hier zwei Grundaspekte unterscheiden. Der eine ist, wie kommen wir aus Strukturen heraus, in die wir hineingeboren werden? Hermann Hesse schreibt in seinem Roman „Demian", dass, wer geboren werden will, sich wie ein Vogel aus dem Ei kämpfen müsse, und dass die Welt dabei, wie das Ei, in Trümmer gehen müsse. Familie setzt starke identitätsstiftende Kräfte frei. Erwachsen zu werden heißt, sich zu dieser Herkunft zu verhalten, manches infrage zu stellen und sich von einigem auch zu befreien. Dieser Prozess ist immer schmerzvoll und mit Ängsten verbunden. Der andere Aspekt ist aber, sich zu fragen, was kann ich Positives dem Familiengefüge und den vorgefundenen Umständen abgewinnen, auch wenn sie nicht selten widerständig und borstig sind? Kann es nicht gerade hilfreich sein, sich mit Andersdenkenden auseinanderzusetzen, die uns doch vertraut sind? Familie ist eine Schicksalsgemeinschaft, deren Mitglieder sich nicht gegenseitig wählen können, sie müssen sich arrangieren, um mit den Unterschieden und Eigenarten der anderen zurechtzukommen.

Wenn dieses engste Umfeld so wichtig ist, dann wären wir in erster Linie Menschen verpflichtet, die uns erzogen und für uns gesorgt haben, z. B. Adoptiveltern oder Pflegeeltern, und nicht unbedingt den biologischen Eltern.

Für mich ist grundsätzlich die Beziehung und nicht die biologische Verwandtschaft ausschlaggebend. Wenn keine Relation zu den biologischen Eltern besteht, stellt sich für mich die Frage nach der Verpflichtung überhaupt nicht. Wir würden es aber sicherlich bizarr finden, wenn einen die blutsverwandten Eltern überhaupt nicht interesseiern würden, das hat vermutlich damit zu tun, dass die Gene auch in hohem Maße identitätsstiftend sind. Aber daraus eine Pflicht abzuleiten, wäre vollkommen absurd. Kein Mensch würde sagen, er habe dem Samenspender, den seine Eltern „benutzt" haben, irgendeine Art Verpflichtung gegenüber. Daher hängt in meinen Augen die Frage nach der Pflicht gegenüber Adoptiv- oder Pflegeeltern genauso von der Qualität der Beziehung ab wie im Falle der leiblichen Eltern.

Drehen wir uns hier nicht im Kreis um die Ur-Frage, ob die Bindung eines erwachsenen Menschen an Eltern und Familie biologisch oder eher kulturell bedingt ist?

Im Tierreich verlieren die ausgewachsenen Exemplare den Status des Kindes und sind irgendwann den Eltern ebenbürtig, gehen mit denen sogar geschlechtliche Beziehungen ein. Bei uns ist es völlig anders, wir hören nicht auf, Sohn oder Tochter zu sein, und vergessen auch nicht, wer unsere Eltern sind. Es ist daher eine interessante Frage, ob die Elternbindung beim Menschen biologisch verankert ist. Ich glaube, es ist schon eine Art Naturgesetz, dass die Herkunft für uns sehr stark identitätsbildend ist, wir können uns von unseren Wurzeln nie ganz lösen, wir sind eben Geborene, wir setzen im Leben immer etwas fort im Sinne der „Natalität" von Hannah Arendt. Aus dem Umstand, dass diese Beziehung identitätsstiftend ist, folgt aber keine Verpflichtung im engeren Sinne, hier sehe ich also keine Naturgesetzlichkeit. Allein die Tatsache, dass ich eine Frau bin oder dass ich Schweizerin bin, verpflichtet mich noch nicht gegenüber allen Frauen oder gegenüber allen Schweizern. Man müsste genauer definieren, woraus eine solche Pflicht folgen würde.

Den Ruf nach der Abschaffung der Familie als einer nicht ganz gelungenen Stütze der Gesellschaft würden Sie also nicht unterstützen?

Familie hat das Potenzial, die Stütze der Gesellschaft zu sein, auch wenn sie in dieser Funktion für den Einzelnen auch verheerend und zerstörerisch sein kann. Wir sollten daher die Familie in erster Linie von überfrachteten Erwartungen befreien und Personen unterstützen, die sich beispielsweise durch die Pflege kranker oder schwacher Familienmitglieder überfordert fühlen, und ihnen kein schlechtes Gewissen einreden. Wir sollten versuchen, nüchterner über Familie nachzudenken. Nüchternheit ist eine der ersten Tugenden der Philosophie ...

... die uns helfen könnte, die Ursachen dafür zu finden, warum in dieser Keimzelle der Gesellschaft bisher so viel schiefgelaufen ist?

In der Tat. Gewalt und Fehlentwicklungen setzten sich oft auf dem Boden der familiären Sozialisation fort. Die Traumaforschung und auch die Epigenetik zeigen heute deutlich, dass Prägungen an die folgenden Generationen weitergegeben werden. Insofern ist es sehr wichtig, dass Philosophen und Psychologen zusammenarbeiten und sich gemeinsam Gedanken darüber machen, wie Familie gelingen kann. Wer zum Beispiel je eigene Eltern oder Großeltern gepflegt hat, weiß, wie verbindend und kostbar eine solche Erfahrung sein kann, dass sie aber auch als trennend und beziehungsgefährdend erlebt werden kann. Eine Gesellschaft, die auf die Familienbande als stützenden Pfeiler setzt, sollte bereit sein, erwachsene „Kinder" in dieser Aufgabe zu unterstützen, statt sie mit ihr alleinzulassen, indem man entsprechende Pflichten aufgrund von Kindschaft behauptet.

Sie schlagen als eine ultimative Lösung die Idee des „guten Kindes" vor. Was meinen Sie damit?

Es wird vielleicht am deutlichsten, wenn wir über den guten Freund sprechen. Ein guter Freund ist nicht einer, der immer „bei Fuß" ist und nie widerspricht, sondern einer, der verstanden hat, worum es in Freundschaften geht: um Treue, Kritikfähigkeit, Loyalität. So ähnlich ist es mit dem guten Kind – es ist nicht die brave Tochter, sondern jemand, der verstanden hat, was Eltern und Kinder füreinander sind und sein könnten. Einerseits muss ich mich aus dem Kindsein lösen, also der Vogel sein, der die Eischale zerstört und sich so seine Selbstbestimmung erobert. Gleichzeitig werde ich aber meine eigenen Wurzeln nie kappen, ich werde immer die Tochter oder der Sohn bleiben und dieses Spannungsverhältnis kreativ leben. Ich werde verstehen lernen, was ich dazu beitragen kann, dass dieses Verhältnis gelingen kann. Das gute Kind achtet sowohl sich selbst als auch die Eltern. Es geht immer von neuem um das Austarieren von Nähe und Distanz. Eines ist klar: Schuldgefühle trennen; sie verbinden niemals. Die normative Kraft, die uns verpflichtet, sollte das lebendige Interesse aneinander sein und nicht Gewissensbisse.

Sagt ein gutes Kind es seinen Eltern offen und ehrlich, wenn es den eigenen Weg gehen will, wenn es die Tradition, den Glauben, die Werte der Eltern nicht mehr teilt?

Absolut. Es ist aber auch die Aufgabe der Eltern – das hat Kant immer wieder betont –, das Kind in die Freiheit hinein zu erziehen. Das erfordert wiederum, dass auch die Eltern „gut" sind: Sie müssen verstehen, dass Kinder nicht das „Machwerk" ihrer Eltern sind, wie Kant sagt. Ein Kind hat das Recht, erwachsen zu werden und sein eigenes Leben zu leben. Ansonsten muss es, auch aus Selbstschutzgründen, auf Distanz gehen.

Lässt sich die Eingangsfrage umdrehen? Schulden Eltern ihren erwachsenen Kindern ebenfalls nichts?

Wenn es sich um erwachsene und mündige Kinder handelt, ist dieser Schluss naheliegend. Es gibt aber Fälle, in denen Kinder nicht mündig werden können, weil sie zum Beispiel krank sind. Die Frage lässt sich möglicherweise auch sonst nicht ohne weiteres umdrehen, denn Eltern setzen das Kind in die Welt und haben deshalb eine spezielle Verantwortung. Aber über diese Frage müsste ich noch länger nachdenken.

Die neue Esskultur

Christoph Klotter

....

Herr Klotter, warum scheint Essen und unser Umgang damit uns mehr zu bedeuten als nur die Befriedigung eines körperlichen Grundbedürfnisses?

Die Ernährungsgewohnheiten entstehen immer innerhalb der Zusammenhänge einer menschlichen Gemeinschaft. Bevor es Gesetze gibt, wird das menschliche Zusammenleben durch Regeln, Gebote und Verbote festgelegt, die sich auf das Essen beziehen und die Zugehörigkeit zu einer bestimmten Gemeinschaft bestimmen, dabei sind es die Verbote, die das Gemeinschaftsgefüge am stärksten prägen. Mit den Verboten gehen aber auch kollektive Überschreitungen einher, wie z. B. bestimmte Feste, Geburtstage oder andere Feierlichkeiten, bei denen die Verbote teilweise ausgesetzt werden. In Europa gibt es zwei Traditionen der Esskultur – zum einen die von der Antike geprägte Tradition der Mäßigung, die dann vom Christentum in der Idee der Sünde fortgeführt wurde, wonach die Lust und das Angenehme eingeschränkt werden müssen. Die andere Tradition ist die Kultur der Maßlosigkeit, in der die Könige um die Wette tranken und aßen. Unsere Essgewohnheiten sind daher auf eine paradoxe Weise zwischen dem Gebot der Mäßigung und seiner Überschreitung gespalten.

Wie haben sich unsere Essgewohnheiten in den letzten Jahrzehnten verändert?

Wir leben seit ca. 200 Jahren dank der Industrialisierung der Lebensmittelproduktion in einer Überflussgesellschaft und haben ausreichend Nahrung für alle. Das ist in der Menschheitsgeschichte neu und absolut einmalig und hat zur Folge, dass sich die Lebenserwartung in den westlichen Ländern nahezu verdoppelt hat. Wir leben im Schlaraffenland und beklagen uns paradoxerweise ständig, obwohl wir viel gesünder sind als frühere Generationen und die Lebenserwartung immer noch zunimmt. In den letzten Jahrzehnten haben sich die Bereiche der Gesundheit und der Ernährung gewissermaßen moralisiert. In den Fünfzigerjahren wurde in Deutschland am frühen Morgen nicht selten Cognac serviert, oder bei einer Frühstückssendung wurde Alkohol getrunken und Zigaretten geraucht. Das wäre heute nicht mehr vorstellbar. Laut einer Umfrage aus dem Jahre 1961 musste ein deutscher Mann wohlbeleibt sein und dadurch beweisen, dass er gut essen und trinken kann, es gab damals kaum einen Bürgermeister, der mager war. Wohlbeleibt sein war damals ein Statussymbol. Heutzutage hat sich das Verhältnis umgekehrt, in einer Gesellschaft, in der alle genug zu essen haben, grenzen sich die Bessergestellten über die Schlankheit wieder ab. Früher war Fleisch das Symbol des Wohlstands, heute, wo alle genug Fleisch essen können, grenzen sich die Gutsituierten dadurch ab, dass sie Vegetarier werden.

Werden wir in den hochentwickelten Ländern in Zukunft wieder zu Pflanzenfressern?

Die Tendenz ist schon da, in Deutschland schließt eine Fleischfabrik pro Jahr, der Fleischkonsum geht langsam, aber kontinuierlich zurück. Die Millennials, also die Generation der seit den 1980er Jahren Geborenen, bestimmen immer mehr die Essgewohnheiten, sie leben gesundheits- und qualitätsbewusst. Die Lebensmitteldiscounter verzeichnen zurzeit die höchsten Zuwächse bei den Bioprodukten.

Sind die Millennials auch in Bezug auf Nachhaltigkeit, die Umweltprobleme und ihre eigene Zukunft verantwortungsbewusster?

Auf jeden Fall. Zu Beginn waren die bewussten Esser vor allem jung, weiblich und gebildet, langsam greift das auf alle Vertreter dieser Generation über. Der Nachhaltigkeitsgedanke wird zu einem generellen Trend, was sich in erster Linie in dem abnehmenden Fleischkonsum zeigt, da die Fleischproduktion ja bekanntlich überhaupt nicht nachhaltig ist. Diese Tendenz zwingt die Lebensmittelindustrie zum Umdenken, immer mehr Lebensmittel werden mit einem Gesundheitslabel versehen, um auch eben die Bewussten und besser Gestellten zu bedienen.

Das gilt aber vor allem für die westlichen, hochentwickelten Gesellschaften. Wie sieht es in den ärmeren Teilen der Welt aus?

Global gesehen steigt der Fleischkonsum nach wie vor. Gerade in den Schwellenländern, in denen immer mehr Menschen besser verdienen, wird der wachsende Lebensstandard durch den zunehmenden Fleischverbrauch demonstriert. Diese Länder sind in der Hinsicht auf dem Entwicklungsstand, der vergleichbar mit den 1960er Jahren in Westeuropa ist, dieser globale Trend stellt daher angesichts der Nachhaltigkeitsfrage ein riesiges Problem dar. Die Schwellenländer verzeichnen im Moment das größte Bevölkerungswachstum, was ohne entsprechende Gegenmaßnahmen zu ernsthaften ökologischen Problemen führen wird.

Es wäre denkbar, dass sich dadurch in den westlichen Ländern der Bewusstseinswandel hin zu einer nachhaltigen Esskultur noch beschleunigt?

Das ist sehr gut möglich, im Augenblick sieht es auf jeden Fall so aus. Die Transformation in Richtung einer nachhaltigen Esskultur und Lebensmittelproduktion findet schon statt, es gibt immer mehr ernstzunehmende und überzeugende Konzepte und Entwicklungen innerhalb der Industrie, die auf Nachhaltigkeit und bessere Qualität setzen.

Gibt es eine optimale Ernährung für alle, nach dem Motto „one for all"?

Von der Deutschen Gesellschaft für Ernährung (DGE) gibt es regelmäßig allgemeine Ernährungsempfehlungen, die für alle gelten sollen. Die wissenschaftliche Evidenz dieser Empfehlungen ist aber oft mit einem Fragezeichen versehen. Die neuere Forschung zeigt, dass die Menschen sehr unterschiedlich „verstoffwechseln", es gibt z. B. Fälle, bei denen der Insulinspiegel nach dem Verzehr einer Tomate stark ansteigt, was mit den bisherigen Erkenntnissen der Medizin nicht erklärbar ist. Wir müssen also einen Weg finden zwischen der Orientierung an den Empfehlungen und dem Beobachten des eigenen Körpers und der eigenen Bedürfnisse. Das kann jeder nur für sich tun. Da kann ich mich keiner Sekte anschließen oder keine hundertprozentig auf mich zugeschnittene Empfehlung finden, ich muss selbst herausfinden, was für mich bekömmlich ist. Nach dem Stand der neusten Forschung gibt es so etwas wie die gesunde Ernährung für alle nicht.

Die wechselnden und ständig aktualisierten Ernährungsempfehlungen, wollte man sie ernst nehmen und jedes Mal umsetzen, könnten einen verrückt machen ...

Das kann in der Tat verrückt machen. Es gibt zu jeder Empfehlung immer unzählige Lehrmeinungen, die sich dazu noch ständig ändern und zu einer vollkommenen Desorientierung des Verbrauchers führen können. Daher gehört zu einer bewussten Ernährungskultur auf jeden Fall ein bewusster Umgang mit dem eigenen Körper und den Signalen, die er uns liefert und uns so über unseren momentanen Gesundheitszustand und unsere Bedürfnisse informiert.

Ist die permanente Überversorgung mit Essen nicht etwas vollkommen Unnatürliches? Phasen des Hungers und der Unterernährung waren doch seit den Anfängen der Evolution ein ständiger Begleiter aller Lebewesen.

Ja, wir sind genetisch darauf programmiert, möglichst viel Essen aufzunehmen, solange es verfügbar ist. Hätten wir früher eine ausgewogene Mischkost zu uns genommen, wäre unsere Spezies vermutlich ausgestorben. Bis vor ca. 200 Jahren haben alle Generationen Unterernährung bestens gekannt, und der Hunger war allgegenwärtig. Dadurch war aber auch die Dankbarkeit für das Vorhandensein von Nahrung allgegenwärtig. Heute verschlingen wir achtlos unser Essen und haben die Dankbarkeit dafür vollkommen verloren.

Wie soll der Einzelne in dieser undankbaren Zeit selbst herausfinden, „was ihm guttut"? Glauben Sie, dass wir in der heutigen Konsumgesellschaft dazu überhaupt imstande sind?

Meine wichtigste Empfehlung wäre, Zeitmanagement in Bezug auf das Einkaufen und Zubereiten von Essen zu üben. Aus Erhebungen geht hervor, dass wir uns immer weniger Zeit für das Kochen nehmen, vor allem auch fürs Kochen und Essen mit anderen zusammen. Die Gegenbewegung ist schon da, wir müssen uns nur umstellen und z. B. abends nicht mehrere Stunden vor dem Fernseher sitzen, sondern mit der Familie oder mit Freunden gemeinsam kochen und essen.

In Gesellschaft isst man nicht unbedingt bewusster und auch nicht weniger, als wenn man alleine zu Hause sitzt ...

Das stimmt, dafür ist aber derjenige, der in anderen Menschen Rückhalt hat, gesünder und lebt länger. Hier muss man diese Faktoren gegeneinander aufwiegen – sozialen Rückhalt gegen die kleinen Sünden des gemeinsamen Essens. Man muss auch nicht jeden Tag zusammen mit anderen kochen und essen, wichtiger ist, dass man es z. B. einmal in der Woche, jedes Mal bei jemand anderem, gemeinsam plant und dann auch vorbereitet. Es gibt für diese Art des Esskultur den Begriff *food literacy* – eine lustvolle Ernährungskompetenz, d. h. die Rückeroberung eines ganz wichtigen Lebensbereiches. Bis vor 100 Jahren waren achtzig Prozent der Deutschen Bauern, sie waren alle Selbstversorger und kannten sich mit Lebensmitteln und der Essensvorbereitung gut aus. Heute sind es weniger als fünf Prozent, und die meisten von uns haben diese Kompetenz verloren, daher müssten wir sie zurückerobern, sie neu erlernen.

Die Frage ist, ob die Menschen früher tatsächlich gesünder lebten und vor allem ob sie bewusster mit dem Essen umgegangen sind.

Natürlich ist die Antwort auf die Frage schichtabhängig, je schlechter meine materielle Lage ist, umso weniger weiß ich um das Essen und andere Zusammenhänge. Die Angst vor dem Mangel und vor dem Hunger führt natürlich dazu, dass ich, sobald das möglich ist, möglichst viel essen werde. Aber heutzutage, auch wenn wir diesbezüglich noch viel lernen müssen, geht der Trend auf jeden Fall zu einem qualitätsbewussten Essen hin.

Sie sprechen manchmal auch von der Politisierung der Esskultur und führen diese auf zwei Grundmodelle zurück – das von Sokrates und das von Platon. Worin unterscheiden sich diese Konzepte?

Das platonische Modell des Staates sieht an der Spitze einen Weisen vor und darunter eine Wächterkaste, welche soldatenartig die zuchtlose Bevölkerung kontrollieren soll. Platon entwickelte dieses Modell, als es Athen schlecht ging, es sollte gewissermaßen ein Rettungsmodell sein, das davon ausging, dass das einfache Volk im Interesse des Staates, damals der Polis, und gegen die Interessen des Einzelnen kontrolliert werden muss. Die Deutsche Gesellschaft für Ernährung (DGE) macht das heute ähnlich, indem sie alle vier Jahre sagt, was die Deutschen beim Thema Essen alles verkehrt machen und was sie unbedingt ändern sollten. Egal wie sich die Menschen bemühen und die Empfehlungen der DGE umzusetzen versuchen, sie machen immer etwas falsch. Dieses platonische Modell funktioniert aber auf der Ebene der Ernährung nicht, es löst nämlich Widerstände aus und wird einfach nicht beachtet. Die Europäer betrachten das Essen als etwas ausgesprochen Privates, in das sich niemand einzumischen hat. Der Soziologe Max Weber sprach von einem „stahlharten Gehäuse" der Moderne, in dem wir von Zwängen und Pflichten umstellt sind, da soll auf keinen Fall auch noch das Essen von Zwängen und Pflichten umstellt werden. Im Gegensatz zur Platons Idee steht das Modell von Sokrates, das auf die Mündigkeit und die Selbstverantwortung des Einzelnen setzt.

Ist das ein realistischer Ansatz? Ist Essen nicht viel mehr als nur die rationale Entscheidung eines vernünftigen Menschen?

Da muss man tatsächlich etwas differenzieren. Das Essen ist in unserer Gesellschaft zum Religionsersatz geworden. Nach dem Erblassen des religiösen Glaubens versuchen wir ein körpernahes Erlösungsmittel zu erlangen, und das Essen eignet sich dazu ziemlich gut. Sowohl in der Idee der Aufklärung als auch schon in der Frühantike ging es darum, sich selbst zu erkennen und ein mündiger Bürger zu werden. Auch Sokrates plädierte dafür, dass der Mensch sich um sich selbst sorgt, sein eigenes Lebenskonzept entwickelt und nicht nur einfach vor sich hin lebt. Das positive Menschenbild geht davon aus, dass auch schon Kinder tendenziell, mit entsprechender Förderung, aufgeklärt sein können, daher sollte das bei einem Erwachsenen grundsätzlich möglich sein.

Sie schreiben, dass „die Psyche mit isst". Dient das Essen auch als Ersatz für unsere unbefriedigten Wünsche und Sehnsüchte?

Der christliche Glaube ist in den letzten Jahrzehnten verblasst, nicht aber das spirituelle Bedürfnis. Im 20. Jahrhundert band es sich an politische Utopien, die aber katastrophal gescheitert sind. Der Wunsch nach Befreiung und Erlösung wurde dann an den

Körper zurückgebunden, und so wollte die 68er-Generation die Sexualität befreien. Da sich aber der Körper zur Befreiung nur beschränkt eignet, wurde eine andere Form der körpernahen Erlösung gesucht: über das Essen. Es weckt in uns beinahe die Erwartung der Unsterblichkeit. Eine andere psychologische Erklärung der großen Bedeutung, die wir dem Essen zumessen, ist die Funktionsweise unseres limbischen Systems, das unentwegt nach Belohnung verlangt und ständig unser Denken und unsere Gefühle beeinflusst. Da Essen eine recht einfache Form der Belohnung für unser Gehirn darstellt, wird es ganz leicht zu einem Emotionsmanager, der uns hilft, unangenehme Gefühle zu verarbeiten. Diese Funktion ist natürlich nur in der Überflussgesellschaft möglich, die wie z. B. in Deutschland über 170 000 Lebensmittelprodukte in den Regalen bereithält; für die meisten Menschen früherer Generationen standen solche Ersatzmittel nicht zur Verfügung.

Laut dem Psychiater und Neurobiologen Manfred Spitzer ist Einsamkeit das dringendste Problem moderner Gesellschaften. Glauben Sie, dass Essen auch hier als ein wirksames Gegenmittel dienen kann?

Es ist sicherlich ein weiterer Aspekt der Ersatzfunktion von Essen. Das soziale Gefüge und der Gemeinsinn brechen in den hochentwickelten Ländern seit Längerem auseinander. Das hat viel mit der fortschreitenden Medialisierung zu tun, die Menschen sind zwar ständig miteinander verbunden, haben aber keinen wirklichen Kontakt zueinander, diese virtuelle, technische Verbundenheit befriedigt keineswegs das natürliche Bedürfnis des Menschen nach einem echten, mit allen Sinnen hergestellten Kontakt. Es ist eine Art Falle, weil gerade die jungen Menschen durch den ständigen Kontakt über die sozialen Medien das trügerische Gefühl einer dauerhaften Verbundenheit mit anderen entwickeln, wodurch das Bedürfnis nach realen Kontakten und Begegnungen schwindet und sie dadurch noch weniger geneigt sind, in die reale Welt hinauszugehen.

Essen ist auch in den sozialen Medien zu einem der Hauptdarsteller geworden, viele Menschen posten heute zum größten Teil entweder ihre Selfies oder aber alle möglichen Essenskreationen. Warum ist das ihnen so wichtig?

Vor einigen hundert Jahren gab es Bilder nur von Königen und Fürsten. Die porträtierte Person musste sich tage- oder wochenlang gedulden, um verewigt zu werden, und der Künstler musste nicht selten jahrelang sein Fach lernen. Das fertige Bild war also etwas extrem Einzigartiges. Heute sind die Menschen Könige und Künstler zugleich, dies verleitet zu einer narzisstischen Haltung und führt zu einer absoluten Leere, man ist in einer Sekunde König und Künstler und in der nächsten Sekunde nichts mehr. Das Posten von Essensbildern wiederum ist eine Form der Repräsentation, die sich ebenfalls auf der narzisstischen Schiene bewegt: „Ich erweise mich als ein wertvoller Mensch, wenn ich dieses schöne, außergewöhnliche Essen gekocht oder es mir geleistet habe." Früher war es das Auto, heute ist es das Essen, über das wir uns definieren, es ist eine Form des Selbstmarketings, ein Mittel der Selbstdarstellung und Selbstbestätigung. Es nimmt zum Teil suchtartige Formen an, die mit dem Begriff Foodporn, also Essens-Pornographie, bezeichnet werden.

Ist der häufige Anblick dickleibiger Menschen in den entwickelten Ländern ein Anzeichen für ein Kontrollverlust im Umgang mit den oben genannten Problemen?

Diese Problematik hängt ebenfalls eng mit der sozialen Lebenslage zusammen. Menschen aus ärmeren Schichten oder mit Migrationshintergrund sind öfter übergewichtiger. Die fehlende Teilhabe am gesellschaftlichen Wohlstand verstärkt die Neigung, sich über das übermäßige Essen das Gefühl zu verschaffen, auch etwas von dem großen Kuchen abzubekommen. Es ist eine ganz elementare Form der Teilhabe – wenn ich mir schon die großen teuren Dinge nicht leisten kann, kaufe ich mir eben noch einen Schokoriegel. Ich würde es einen gewollten Kontrollverlust nennen –

mir steht auch etwas zu, also entscheide ich mich für die nächste Wurst oder noch ein Stück Kuchen und nehme auf diese Weise teil am Wohlstand meiner Gesellschaft, nur so kann ich meine Macht demonstrieren.

Am anderen Ende des Spektrums von Essgewohnheiten sind Diäten und alle möglichen Formen des Fastens. Sehen Sie als Ernährungspsychologe darin auch ein Problem?

Diäten sind in vielen Fällen, insbesondere dann, wenn sie die Form eines Schlankheitswahns annehmen, ein Ausdruck der in der europäischen Kultur stark verankerten Idee der Mäßigung. Sie sind dann, wie bereits gesagt, ein Glaubensersatz. Im gewissen Sinne sind sie ein Ausdruck eines bestimmten Wertekanons und tragen somit dazu bei, das soziokulturelle Gefüge unserer Gesellschaft aufrechtzuerhalten. Allerdings hat sich das Schlankheitsideal stark radikalisiert und dadurch zum Teil pathologische Formen angenommen. Ein übertrieben bewusstes Essen korreliert relativ oft auch mit Essstörungen. Hier wäre auch ein bewusster und aufgeklärter Umgang mit dem Thema Essen sehr hilfreich. Es sollte ein Prozess der Selbstregulation und Selbstreflexion stattfinden, in dem man Spielräume für sich entdeckt und sich fragt: Muss ich extrem schlank sein, muss ich mich irgendwelchen gesellschaftlichen Diktaten unterwerfen?

Kann die Ernährungspsychologie dazu beitragen, dass die Menschen in Zukunft bewusster und glücklicher leben?

Ich merke in den letzten Jahren tatsächlich große Veränderungen bei den Wertevorstellungen in der Esskultur. Die seit Langem tonangebenden Werte Schlankheitsideal und Diätenzwang verlieren langsam an Bedeutung. Die Frauenzeitschrift Brigitte z. B. hat nach fünfzig Jahren das Thema „Diäten" gänzlich eingestellt, es gibt hier also eine breite gesellschaftliche Transformation, die in eine bessere, gesündere Richtung weist. Das längerfristige Ziel wäre ein reflektiertes Verhältnis zum Essen und mehr Ernährungskompetenz und es sieht in der letzten Zeit danach aus, dass dieser positive Trend in unserer Esskultur immer stärker wird.

Abschied von der Küchenpsychologie

Hans-Peter Nolting

. . . .

Herr Nolting, sind die Ratschläge unserer Großeltern Küchenpsychologie? Sollten wir sie alle infrage stellen und wissenschaftlich überprüfen lassen?

Ich denke, dass die meisten Menschen eine Art vorwissenschaftliches Wissen besitzen, das durchaus vernünftig und nützlich ist. Mein Lieblingsbeispiel dazu ist das Sprichwort „Wer rastet, der rostet", das sich auch wissenschaftlich gut belegen lässt. Unter Küchenpsychologie verstehe ich, dass Menschen gewisse Überzeugungen vertreten und diese auch dann verteidigen, wenn wissenschaftliche Erkenntnisse ihnen das Gegenteil beweisen. Küchenpsychologie ist eine wissenschaftsfeindliche Haltung, die mit solchen Sätzen wie „Das glaube ich nicht" oder „Das kann ich mir nicht vorstellen" operiert. Oft stützen sich Menschen auf einzelne persönliche Erfahrungen, die sie dann verallgemeinern. Sie sind schwer belehrbar, wollen oft einfach nur mitreden, ohne Hintergrundwissen und ohne Offenheit für wissenschaftlich begründete Erkenntnisse.

Sie unterscheiden zusätzlich zwischen Küchenpsychologie und Alltagspsychologie. Was sind die Unterschiede?

Da gibt es keine klare Grenzziehung. Die Alltagspsychologie bedient sich psychologischer Meinungen, die Orientierungen bieten und uns helfen, im Leben zurechtzukommen. Aber sie kann durchaus offen sein und bereit, sich mit neuen Erkenntnissen auseinanderzusetzen. Die Küchenpsychologie dagegen steht nicht nur im Widerspruch zur wissenschaftlichen Psychologie, sie ist gleichzeitig mit der oben beschriebenen Haltung verbunden, d. h. mit der fehlenden Bereitschaft, nachgewiesene Tatsachen und Erkenntnisse anzuerkennen.

Als einen typischen und in der Bildungsdebatte häufig anzutreffenden psychologischen Irrtum nennen Sie die sog. Lerntypentheorie. Warum ist diese Theorie falsch?

Weil keine Studie bestätigen konnte, dass manche Menschen durchgängig am besten visuell oder auditiv oder haptisch oder abstrakt oder sonst wie lernen. Wer bei der einen Aufgabe ein „visueller Typ" ist, kann bei der nächsten ein „auditiver Typ" sein – mit anderen Worten: Er ist kein Typ. Alle Menschen lernen auf verschiedenen Wegen. Entscheidend ist die zu lernende Aufgabe. Bei dem klassischen Beispiel „Vokabeln lernen" werden mehrere Lernkanäle gleichermaßen eingesetzt: Die Aussprache muss man hören, die Schreibweise sehen und die Bedeutung des neuen Wortes muss ich mir anhand von Beispielen und Definitionen erarbeiten. Wer etwas über die Tierwelt eines Urwaldes lernen möchte, muss sich Bilder anschauen. Aber bei der Rolle des Regenwaldes für das Weltklima muss man schon viel abstraktere Lernhilfen, wie z. B. Diagramme und wissenschaftliche Texte, zu Rate ziehen oder sich einen Vortrag anhören.

Welche weiteren typischen Falschannahmen würden Sie als besonders oft verbreitet ansehen?

Ich kann drei typische Beispiele nennen:
– „Der Charakter bestimmt das Verhalten." Das ist viel zu einseitig. Situationsfaktoren sind genauso wichtig. Derselbe Mensch kann sich je nach Situation ganz unterschiedlich verhalten.
– „In derselben Familie aufgewachsen heißt: In derselben Umwelt aufgewachsen." Nein, Geschwister haben nicht nur verschiedene Umwelten außerhalb der Familie (Schule, Freundeskreis

etc.), sondern auch innerhalb der Familie, schon deshalb, weil jedes Geschwister andere Geschwister hat, aber auch, weil Eltern ihre Kinder nie ganz gleich behandeln können.

– „Berufstätigkeit beider Eltern schadet dem Kind." Wenn man hierzu große Stichproben von Familien bzw. Kindern untersucht, muss man sagen: Die doppelte Berufstätigkeit schadet keineswegs per se, es kommt immer auf den Einzelfall an. Und im Einzelfall kann ein Kind auch zu Hause so schlecht betreut werden, dass eine Krippe oder Kita sehr förderlich wäre. Letztlich kommt es viel mehr darauf an, wie die Eltern anwesend sind und nicht wie lange.

Das Leben ist ein großes psychologisches Versuchsgelände, und der gesunde Menschenverstand scheint hier nicht immer ein zuverlässiger Kompass zu sein. Müsste daher das wissenschaftlich begründete Psychologiewissen nicht zur Allgemeinbildung gehören und in der Schule unterrichtet werden?

Ich würde die wissenschaftliche Psychologie nicht unbedingt zu einem neuen Schulfach machen, jedenfalls nicht, wenn darin hoch spezialisiertes Wissen vermittelt wird, das den Bereich der Allgemeinbildung bei Weitem überschreitet. Im Leben gibt es aber viele Phänomene, mit denen alle Menschen konfrontiert werden, und hierzu Wissen zu vermitteln, wäre das Hauptkriterium für Allgemeinbildung.

Was müsste sich dann in unserem Bildungssystem ändern, damit es gelingt, das so verstandene Allgemeinwissen zu vermitteln?

Das Problem ist nicht das System, sondern die Lerninhalte. Ich gebe dazu einige Beispiele. Die Schule fördert im hohen Maße fachbezogenes Wissen, beschäftigt sich aber viel zu wenig mit dem Lernen und Denken als Gegenstand, mit der Subjektivität des Denkens und mit der Neigung zu Irrtümern. Auch die Kommunikation, die ja zum größten Teil mündlich stattfindet, ist kaum ein Thema in unsrem Schulsystem. Es wäre also wichtig, die psychologische Bedeutung dieser Mechanismen in den Vordergrund zu stellen, sie sind ja grundlegend für die Fähigkeit des Menschen, sich mit überkommenen Alltagswahrheiten auseinanderzusetzen, sie notfalls infrage zu stellen und den eigenen Wissenshorizont zu erweitern. Beim Schulfach Deutsch z. B. tut man so, als wäre Deutsch gleichzusetzen mit Schriftdeutsch, mit dem Lesen und Schreiben von Texten. Dabei wird die Sprache wohl zu über neunzig Prozent mündlich gebraucht, und es wäre sinnvoll, auch gute Gesprächsführung zu üben, beispielsweise für den Umgang mit Konfliktsituationen. Und noch ein anderes Lernziel wäre wichtig: Die meisten Menschen fragen beim Auftreten von Problemen sehr schnell „Was kann man da machen?", anstatt erst mal zu überlegen: Was könnten die Gründe sein? Wie ist es zu dem Problem gekommen? Diese Einstellung habe ich oft auch bei Lehrerfortbildungen beobachtet, auch in dieser Gruppe wird selten danach gefragt, wie man die Gründe für störendes Verhalten oder andere Probleme herausfinden kann. Es wäre meines Erachtens ein wichtiger Aspekt der Allgemeinbildung, dass man zuerst versucht, ein Problem zu verstehen, und erst dann nach einer Lösung sucht. Auch wenn es um Konflikte im zwischenmenschlichen Bereich geht, sind Diagnose und Ursachenfindung meist sehr hilfreich.

Wie können wir falsche Überzeugungen korrigieren?

Wenn es sich um unvollständiges thematisches Wissen handelt, also um bloße Informationslücken, kann man die durch gut verständliche Erklärungen schließen. Es wäre aber vor allem wichtig, ein Gefühl dafür zu bekommen, wann wir am eigenen Wissen zweifeln müssen, und die Fähigkeit zur sog. Metakognition zu entwickeln, d. h. über das eigene Denken zu reflektieren, und eventuell, wie einst Sokrates, zu dem Schluss zu kommen: „Ich weiß, dass ich nichts weiß." Eine solche Fähigkeit müsste auch im Bildungsprozess entwickelt und gefördert werden.

Warum neigen die meisten Menschen dazu, sich mit einfachen Erklärungen zufriedenzugeben, und verlassen sich auf althergebrachte und wissenschaftlich nicht bewiesene Weisheiten?

Dafür gibt es sicherlich mehrere Gründe. Zum einen haben wir gewisse Traditionen im Umgang mit Lebensproblemen, die seit Jahrhunderten praktiziert werden und sich im Alltagsgeschehen oft als durchaus brauchbare Methoden erwiesen haben. Komplizierte Erklärungen und Handlungsmethoden taugen nicht für den Alltag, aber halbwegs differenzierte Denkweisen sind manchmal unverzichtbar. In Erziehungsfragen wird z. B. oft nur danach gefragt, ob man eher streng oder eher liberal erziehen solle. Diese Unterscheidung ist aber in keiner Weise hilfreich, weil sie völlig an den wirklich wichtigen Punkten vorbeigeht, dass nämlich gute Erziehung erstens Orientierung gibt und zweitens zugleich feinfühlig ist. Streng oder liberal sagt dazu gar nichts, aber diese Unterscheidung hat Tradition und wird hartnäckig beibehalten. Zum anderen erhalten sich manche Irrtümer, weil sie einfach ökonomisch sind. Bei der Besetzung einer Stelle ist es z. B. sehr einfach, lediglich danach zu entscheiden, ob der Posten mit einem Mann oder mit einer Frau besetzt werden soll. Die Orientierung nach dem äußeren Kriterium macht die Sache sehr einfach, man muss sich nicht mehr mit dem Einzelfall beschäftigen. Anschaulichkeit und Orientierung an einem einzigen Merkmal als Grundkriterien von Alltagsentscheidungen setzen sich daher am ehesten durch.

Solche schnellen und einfachen Entscheidungen – auch wenn sie für den Einzelnen, den sie betreffen, nicht immer von Vorteil sind – können gesamtgesellschaftlich gesehen sehr praktisch und sinnvoll sein.

Sie sind, wie bereits gesagt, in der Regel ökonomisch und können soziale und emotionale Vorteile bedeuten, indem sie z. B. allgemein akzeptierte Leitlinien innerhalb der eigenen Gruppe liefern. Das Dumme ist nur, dass diese Orientierung u. U. eben auch falsch sein kann und für den Einzelnen nicht selten fatale Folgen hat. Hierzu ist der Kindesmissbrauch ein trauriges Beispiel. Die Warnung der Eltern „Geh nicht mit Fremden" ist zwar nicht falsch, aber schützt die Kinder nicht vor der Gefahr des Missbrauchs, der ja in den meisten Fällen von den Angehörigen der eigenen, vertrauten Gruppe begangen wird.

Wie können wir also das Bewusstsein des Menschen verändern und ihn immun gegen psychologische Irrtümer machen?

So allgemein gefasst wäre das, glaube ich, ein zu großes Ziel. Das Zeitalter der Aufklärung hat uns große Fortschritte in Richtung Skepsis und Wissbegier gebracht. Wir neigen aber dazu, eine schnelle Orientierungshilfe zu suchen, die dem erwähnten ökonomischen Prinzip entspricht, und ich fürchte, dass dieser Mechanismus nicht aufgehoben werden kann. In einzelnen Problemfeldern kann man sicherlich viel bewirken, aber das Bewusstsein der Menschheit in relativ kurzen Zeiträumen umfassend zu verändern, halte ich für utopisch.

Sind radikale politische Strömungen und andere extreme Massenbewegungen aller Art nicht letztendlich auch ein Ausdruck der Küchenpsychologie?

In der Tat. Der Nationalismus wäre hierfür ein gutes Beispiel. Typisch ist hier eben die Orientierung an einfachen Mustern und Feindbildern, wie z. B. der Einteilung in „wir, die Guten" und „die bösen Anderen". Die Tatsache, dass sich Menschen mit solch einfachen Erklärungen und Lösungen zufriedengeben, wird natürlich von populistischen Politikern oft ausgenutzt. Das wichtigste Merkmal aller Ideologien ist die Reduzierung von komplexen Zusammenhängen auf einen einfachen Nenner. Das verschafft Erleichterung und befreit den Einzelnen von der Notwendigkeit, für jede individuelle Entscheidung nach gut belegten Gründen zu suchen. Dahinter steckt meistens Angst vor Orientierungslosigkeit.

Würde die Veränderung von Einsichten und Einstellungen allein schon dazu führen, dass wir tatsächlich klüger und bewusster handeln?

Bestimmt nicht. Zwischen Einstellungen und Verhaltensweisen besteht nur ein lockerer Zusammenhang. Unser Verhalten wird eben nicht nur von den inneren Einstellungen, sondern auch von sehr vielen anderen Faktoren bestimmt. Eine entscheidende Einflussgröße ist der jeweilige Kontext, in dem wir handeln. Manchmal sind das so banale Faktoren wie z. B. der Zeitdruck. Viele Faktoren, die unser Verhalten steuern, bemerken wir gar nicht, und zuweilen werden dann Ereignisse wie z. B. ein Fall von unterlassener Hilfeleistung gleich auf eine hohe gesellschaftliche Ebene gehoben und mit „Werteverfall" oder „Verrohung der Gesellschaft" erklärt. Meistens aber sind es nur bestimmte Menschen, die sich unter bestimmten Umständen so und nicht anders verhalten. Und mit diesen Menschen und diesen konkreten Umständen müsste man sich dann befassen, um das Verhalten zu verstehen.

Die Neurobiologie des Glücks

Tobias Esch

· · · · · · · · · · · · · · ·

Herr Esch, Glück scheint als ein wissenschaftliches und ein gesellschaftliches Thema an Bedeutung zuzunehmen. Ist das ein neues Modethema, ein Hype, oder sind wir heute weniger glücklich als früher?

Sowohl als auch. Man muss bedenken, dass das Thema Glück immer auch in Verbindung mit dem Unglück steht. Wir haben heute genügend Gründe anzunehmen, dass Unglück, sowohl subjektiv als auch objektiv, weltweit zunimmt. Zahlreiche Untersuchungen bestätigen steigende Depressionsraten, höhere Suizidalität sowie einen Anstieg von Burnout-Fällen und stressbedingten Erkrankungen. Es wirft natürlich die Frage auf: Wie ist das möglich, nach all dem, was Europa durchgemacht hat, gerade in unserem Teil der Welt, wo es uns allen so viel besser geht als früher?

Die Frage nach dem Glück scheint aber tatsächlich auch eine Art Modeerscheinung zu sein. Es liegt daran, dass wir heute mit Begriffen operieren, die bekannte Zustände oder Krankheiten neu beschreiben, wie z. B. die erwähnte Burnout-Diagnose, für die früher der Begriff Nervenzusammenbruch verwendet wurde. Wir haben also eine Verbesserung von Analysemethoden und Untersuchungsinstrumenten, mit denen wir die wissenschaftlichen Studien durchführen, verbunden mit einer erhöhten Aufmerksamkeit und Sensibilität der Öffentlichkeit.

Wie kann man aber den Zustand unserer Gesellschaft mit dem Zufriedenheitsgrad der Menschen im 18. oder 19. Jahr-

hundert vergleichen, um festzustellen, dass wir heute tatsächlich weniger glücklich leben?

Das kann man zum Teil anhand von Lebensläufen und biografischen Daten machen oder aber epidemiologische Studien heranziehen. Wir würden normalerweise bei derart großen Zeiträumen zwei völlig verschieden Kollektive vergleichen, weil sich manche Faktoren, wie z. B. die Lebenserwartung, im Vergleich zu früheren Jahrhunderten erheblich verändert haben. Wenn wir uns aber nur auf die Nachkriegsjahre beschränken, dann können wir relativ gut bestimmte Trends beobachten und Veränderungen im Gesundheitszustand der Gesellschaft messen. Auch gibt es einige über Jahrzehnte laufende Langzeit-Kohorten-Studien. Die Dauer und Häufigkeit von Arbeitsausfällen und deren gesundheitlich bedingte Ursachen geben uns z. B. Auskunft darüber, wie die Entwicklung gewisser Erkrankungen verläuft. Weil aber, wie bereits gesagt, das Thema Glück zum Teil auch eine Mode ist, muss man mit Interpretationen vorsichtig sein. Nicht hinter jedem subjektiven Unwohlsein oder Unglücklichsein steckt ein Burnout oder eine Depression. Früher wiederum gab es für bestimmte Erkrankungen keine Bezeichnungen, und sie wurden daher nicht erfasst. Auch wenn wir uns dieser Probleme durchaus bewusst sind, glauben wir, anhand von Studien belegen zu können, dass solche Einflussfaktoren wie die Zunahme stressassoziierter Erkrankungen, Verkürzung der Schlafdauer oder Veränderung der Arbeits- und Beziehungszyklen eine tatsächliche Verschlechterung des Glücksempfindens bzw. der allgemeinen Lebenszufriedenheit in der heutigen Gesellschaft mit sich bringen.

Wenn wir Glück als eine Art Nebenprodukt lebensgeschichtlicher Zusammenhänge und langer Reifungsprozesse betrachten, dann stellt sich die Frage, ob man dieses Phänomen überhaupt wissenschaftlich erfassen kann.

Das Phänomen Glück kann man auf unterschiedliche Weisen erfassen. Zum einen indirekt über die Messung verschiedener phy-

siologischer Parameter, z. B. den Spiegel von Glücks- bzw. Stress-
hormonen oder im Scanner die Aktivität des Belohnungssystems.
Wir können aber mit unterschiedlichen Erhebungsverfahren die
Menschen auch direkt nach ihrer Lebenszufriedenheit und ihrem
Glücksempfinden befragen. Unter Berücksichtigung all dieser
Daten können wir dann sehr wohl ein recht zuverlässiges Bild da-
rüber bekommen, ob jemand glücklich ist oder nicht.

**Wenn Sie von der „Neurobiologie des Glücks" sprechen,
könnte man annehmen, dass Glück im Labor biologisch
untersucht und gemessen werden kann. Ist Glück also „nur"
ein biologisches Phänomen?**

Wir müssen davon ausgehen, dass jedwede Erfahrung, die wir im
Leben machen, sich in irgendeiner Weise im Körper bzw. im Gehirn abbildet. Philosophisch betrachtet kann man natürlich nicht
sagen, ob das Gehirn die Henne und das Bewusstsein mit seinen
Gefühlen und Empfindungen das Ei ist. Ungeachtet dessen, wie
man das sieht, hinterlässt jede reale Erfahrung ihre Spuren im Gehirn und wird daher immer – theoretisch – auch messbar sein.
Somit sind sowohl positive als auch negative emotionale Zustände
mit geeigneten wissenschaftlichen Methoden auf der biologischen
Ebene des Körpers nachweisbar.

**Sind die Lebenserfahrungen im „Gedächtnis des Körpers",
wie der Neurobiologe Joachim Bauer es nennt, also sogar
in jeder Zelle gespeichert und beeinflussen somit auf der
tiefsten biologischen Ebene unser Glücksempfinden?**

Ob Erfahrungen ihre Spuren bis in die Ebene der Zellkerne ein-
graben und dort genetische oder epigenetische Veränderungen
bewirken, darüber wird zurzeit eine akademische Debatte geführt,
weil es sehr stark von der Art und der Intensität der jeweiligen
Erfahrung abhängt. Unbestritten ist aber, dass das Gehirn als das
Rezeptor- und Exekutivorgan alle Erfahrungen im Sinne eines
Mind-Body-Prozesses integriert. Es ist also immer ein Spiegelbild

all dessen, was wir erleben. Daher ist es gar nicht nötig, die Gefühlszustände auf der Zellkernebene zu untersuchen, die Aktivitätsmuster von Neuronen liefern schon aussagekräftige Informationen über die emotionale Verfassung des Menschen genug.

Kann man Glück nicht auf eine noch einfachere Weise „messen", z. B. anhand des Stickstoffmonoxidgehalts in der Atemluft, der z. B. bei meditierenden Personen steigt? Diese berichten ja bekanntlich oft von Steigerung der inneren Ruhe und Zufriedenheit, also von Zuständen, die eng mit Glücksgefühlen zusammenhängen.

Es wäre sicherlich eine weitere Möglichkeit, die ich aber als Wissenschaftler nicht zwingend für eine pharmakologisch notwendige Ursache-Wirkung-Abfolge halten würde. Nichtsdestotrotz könnte man damit zeigen, wie geistige Prozesse, zu denen auch Meditation gehört, sich auf der physiologischen Ebene abbilden. Diese Wirkung kann man auch sehr leicht mit anderen physiologischen Parametern zeigen, z. B. anhand der Herzfrequenzvariabilität, der Aktivität des Parasympathikus oder des Kortisolspiegels, die alle zeigen, dass das autonome Nervensystem sehr wohl durch geistige Aktivitäten beeinflussbar ist.

Aus vielen Umfragen geht hervor, dass die meisten Menschen Glück mit dem Gefühl verbinden, ein Teil von etwas Größerem zu sein, sei es Familie, Freunde, Natur oder Gott. Ist der Mensch unfähig, mit sich selbst glücklich zu sein?

Das würde ich nicht sagen. Wir finden im Leben eines Menschen gewissermaßen drei Motivationsarten oder Glücksquellen. Zum einen haben wir das jugendliche Glück, das sich von Ast zu Ast hangelt, aus den Hochmomenten seine Kraft schöpft und auf Wunsch- und Bedürfnisbefriedigung sowie Abenteuer aus ist. Es kommt tatsächlich eher von außen und ist vergänglich. Eine andere Art ist das Erleichterungsglück, das sich daraus ergibt, dass wir schwierige Situationen bewältigen und infolgedessen der Stress nachlässt. Hier geht es eher um Entlastung oder Vermeiden von Verlust und Gefahren. Die dritte Form wäre dann das, was wir Zufriedenheit und Glückseligkeit oder im Englischen Happiness nennen. Hier hat man das Gefühl, alles ist richtig, so wie es gerade ist. Man muss nirgendwo hin, man muss nicht mehr weg. Man kommt gewissermaßen im Heimathafen an. Der Mensch kann dann mit sich selbst durchaus glücklich – d. h. zufrieden – werden. Die spannende Frage ist nur: Warum gelingt es uns so selten? Unsere Studien bestätigen, dass sich die nach außen hin gerichteten Glücksmomente vor allem in der Jugend einstellen, in der Zeit also, in der Neugier, Kreativität und Plastizität groß sind und der Mensch in seinem Wachstums- und Entwicklungsdrang auf Input von außen ausgerichtet ist. Mit zunehmendem Alter verschiebt sich dann das Glücksgefüge in Richtung Zufriedenheit. Das hat den Vorteil, dass diese Form des Glücks eher stabil ist und man eben immer mehr mit sich glücklich sein kann. Sie ist natürlich nicht so aufdringlich und laut und gleicht dann eher einem inneren Lächeln. Biologisch betrachtet sollte sich dieser Zustand aber nicht zu früh im Leben einstellen, wir würden dann nämlich nur noch mit diesem inneren Lächeln dasitzen und die Welt nicht mehr verändern. Daher sind die fehlende Zufriedenheit und das Streben nach äußerer Befriedigung im Jugendalter biologisch gesehen sinnvoll, weil das den Menschen dazu antreibt, in die Welt hinauszugehen, um zu wachsen und reif zu werden.

Das Glücksempfinden scheint also altersabhängig zu sein?

Davon bin ich überzeugt. Das Glück verändert und verfärbt sich gewissermaßen im Laufe des Lebens. Wir verfügen über genügend weltweite Studien und Daten, die das bestätigen. Zwischen dem eher jugendlichen Glück einerseits und der Zufriedenheit in reiferen Lebensphasen andererseits liegt auch noch das Erleichterungsglück und die – statistisch gesehen – für viele Menschen besonders stressige mittlere Lebensphase, das sogenannte „Tal der Tränen". Die Frage ist, über welche der verschiedenen Glücksarten wir jeweils sprechen und wie die Veränderungen zustande kommen. Darüber forschen wir gerade intensiv.

Wir können also dem altersabhängigen Prozess nicht entgehen und müssen uns an die stabile Form des Zufriedenheitsglücks ein Leben lang heranarbeiten ...

Das macht das Leben so spannend. Wir können nicht nach der Geburt einfach nur dasitzen und darauf hoffen, dass sich die Lebenszufriedenheit irgendwann mal von alleine einstellen würde. Wir müssen hinausgehen, Erfahrungen machen, wachsen, Autonomie und Freiheit, aber auch Verbundenheit mit der Welt erleben. Das Gehirn reift und entwickelt sich durch Erfahrungen, bestimmte Neurotransmitter gehen aus anderen hervor und brauchen dazu eben auch den Kontakt mit der Außenwelt. Es ist natürlich eine wissenschaftliche und modellhafte Betrachtungsweise, die Welt ist zu komplex, um sie präzise im Labor abzubilden und zu beschreiben. Dieses Modell ist aber schlüssig, und wir können damit ziemlich genau diesen inneren Weg der menschlichen Entwicklung, der sich weder umgehen noch beschleunigen lässt, nachvollziehen.

Die meisten Menschen glauben, dass Glück hauptsächlich von äußeren Umständen abhängt, obwohl laut wissenschaftlicher Studien diese nur zu fünf bis zehn Prozent glücksrelevant sind. Was entscheidet also über die restlichen neunzig Prozent unserer seelischen Verfassung?

Es handelt sich zum Teil um eine angeborene Grundausstattung. Wir kommen mit einem bestimmten Neuronennetzwerk auf die Welt, in dem z. B. bereits festgelegt ist, welche Untertypen von Enzymen wir haben und wie schnell z. B. Dopamin in unserem Gehirn ausgeschüttet und abgebaut wird, was wiederum Einfluss auf solche Mechanismen hat wie die Placeboreaktion. Dieser genetisch festgeschriebene Bereich sowie die in der frühesten Lebensphase gefestigten Neuronenmuster machen wohl etwa vierzig

Prozent der Lebenszufriedenheit aus und sind nur sehr schwer oder überhaupt nicht korrigierbar. Die restlichen vierzig bis fünfzig Prozent aber haben mit Umständen zu tun, die wir verändern und oftmals auch gestalten können. Es gibt unzählige Beispiele dafür, dass Menschen trotz äußerst ungünstiger Grundausstattung und Schicksalsschläge – Life Events – ein glückliches Leben führen können, weil es ihnen gelungen ist, wie Tolstoi es formuliert hatte, „Glück nicht von den Ereignissen abhängig zu machen, sondern davon, wie wir auf die Dinge schauen".

Das wirft natürlich die Frage auf: Wie kann der einzelne Mensch diese vierzig bis fünfzig Prozent des Glückspotenzials in seinem Leben aktivieren, oder anders formuliert – kann man Glück lernen?

Man kann sehr wohl selbst dazu beitragen, aus Erfahrungen zu lernen und aus dem Autopilotmodus auszusteigen, d. h. in erster Linie sich negative wie positive Erfahrungen überhaupt erst einmal bewusst zu machen. Der zweite Schritt wäre, aktiv, z. B. durch kognitive Prozesse, Verhaltenstraining oder durch erfahrungsgesteuerte Konditionierung, wie beim Placeboeffekt, das Erlebte in ein etwas anderes, etwa ein positiveres Licht zu stellen. Dazu braucht es sicherlich nicht selten professionelle Hilfe von Therapeuten oder auch von spirituellen Lehrern. Das Wichtigste aber ist, überhaupt den Versuch zu unternehmen, aus der eingefahrenen Situation herauszukommen und einen anderen Weg zumindest auszuprobieren. Wenn wir nur das tun, was wir immer schon getan haben, bekommen wir auch wieder die Ergebnisse, die wir immer schon bekommen haben. Natürlich können wir dabei scheitern, es würde aber dennoch das Gefühl in uns hinterlassen, etwas gegen das eigene Unglück unternommen zu haben. Es gibt viele bewährte Methoden, die in diesem Bereich hilfreich sind und Menschen dazu bringen, aus einem negativen Zustand herauszubrechen und auch die positiven Impulse im Leben zumindest anzunehmen – dazu zählen z. B. Dankbarkeitsübungen, Aufmerksamkeits- und Achtsamkeitsübungen, Empathieübungen oder z. B. ein Glückstagebuch. Es geht auf keinen Fall darum, sich negative Dinge und Situationen schönzureden, sondern darum, aus negativen Erfahrungen zu lernen und auch ganz bewusst auf die positiven Aspekte zu achten, die es vielleicht auch gibt, und diese anzunehmen.

Das sind alles kognitive Methoden der Veränderung von negativen Gefühlslagen. Was ist aber mit unserem Körper, soll er bei diesem Prozess der Glücksgewinnung nicht mitberücksichtigt werden?

Ich betone immer wieder die Bedeutung des Körpers – und z. B. der körperlichen Bewegung – in solchen Prozessen. Erlebnisse, die uns über den Körper positive Impulse liefern, sind enorm wichtig. Das gilt natürlich auch für Ernährung, Entspannung, Genuss oder Sinnlichkeit, also Dinge, die einfach auch angenehm sind und unsere Glücksempfindungen steigern können.

Ist Glück gesund? D. h. wirkt sich eine hohe Zufriedenheit in einer Art Rückkopplung auch auf den Körper aus und erhöht wiederum dessen physische Verfassung?

Das ist ein extrem wichtiges Thema – auch für uns. Dieser Zusammenhang ist wissenschaftlich äußerst schwierig zu beweisen. Es gibt aber viele Studien, die zeigen, dass – etwas einfacher formuliert – glückliche Menschen gesünder sind und länger leben. Optimismus und positive Psychologie übertragen sich auf den Körper. Es sind keine Wundermittel, aber man kann sehr wohl nachweisen, dass eine optimistische Einstellung einen positiven Einfluss auf die Krankheitshäufigkeit oder die Lebenserwartung hat.

Zum Schluss eine politisch-philosophische Frage. Die amerikanische Unabhängigkeitserklärung benennt das „Bestreben nach Glückseligkeit" als ein unveräußerliches Grundrecht aller Menschen. Kann die Neurobiologie heute das Recht auf Glück aufs Neue bekräftigen, indem sie es als

ein biologisches Grundbedürfnis unserer Spezies wissenschaftlich belegt? Sollte die Verwirklichung dieses Rechts nicht viel intensiver in die politische Debatte einfließen?

Es ist relativ schwierig, die Erkenntnisse der Neurobiologie auf die Politik zu übertragen. Wir können heute zeigen, dass Glück kein esoterisches oder rein psychologisches Phänomen ist und dass der Mensch biologisch dafür voreingestellt ist, nach Glück zu streben. Wir kommen nicht auf die Welt, um depressiv zu werden, auch wenn dieser Zustand – statistisch gesehen – praktisch uns alle einmal im Leben ereilt. Den größten Teil des Lebens sind wir aber nicht depressiv. Zum Glück! Glück im Sinne eines inneren Reifungsprozesses ist wie eine unsichtbare Schnur, an der entlang wir uns entwickeln, und wir sollen es auch real finden dürfen. Es stellt sich natürlich die Frage, ob die Politik diese Erkenntnis der Neurobiologie ernst nehmen und dafür sorgen soll, dass die Bedingungen für die Glückszunahme aller Menschen optimiert werden. Meine Antwort lautet: Ja, unbedingt, ich halte es für eine wichtige politische Aufgabe. Eine andere Frage ist, ob das Glücksbedürfnis des Menschen nicht eine so starke biologische Kraft ist, dass sie sich vielleicht auch unabhängig von der politischen Einflussnahme entwickelt. Persönlich glaube ich das ebenfalls. Jetzt müsste man aber überlegen, wie man diese Kraft nutzt, um gemeinsame Ziele zu definieren und diese in einem gesellschaftlichen Reifungsprozess zu verfolgen. Wir kennen viele Länder, die diese Ziele ernst nehmen, und wir sehen, dass dies große Potenziale aktivieren und starke Veränderungsprozesse in Gang setzen kann. Die politische Debatte müsste aber nicht nur die neurobiologischen Perspektiven ernst nehmen, sondern auch alle anderen wissenschaftlichen Bereiche, die sich mit gesellschaftlichen, kulturellen, aber auch mit philosophischen Fragen befassen.

Jugendliche verstehen

Klaus Hurrelmann

....

Herr Hurrelmann, Sie bezeichnen die Jugendlichen als Spiegel der Gesellschaft, der uns zeigt, wie wir Erwachsenen sind, wie wir funktionieren. Was können wir heute in dem Spiegel sehen?

Wir sehen darin eine Gesellschaft, die offene Horizonte hat. Im positiven Sinne sehen wir mit den Augen der jungen Menschen viele Möglichkeiten und Optionen der weiteren Lebensplanung, auch viele Alternativen der beruflichen Zukunft. Wir sehen aber auch das Negative, nämlich die völlige Ungewissheit, wie es in Ausbildung, Beruf und Leben weitergeht, die Unmöglichkeit, genau vorauszuplanen, was in den nächsten fünf bis sieben Jahren geschehen soll, geschweige denn, wo man in ferner Zukunft im Leben stehen wird.

Seit Urzeiten wurde die Jugend immer von den Erwachsenen kritisiert und skeptisch beurteilt. Ist der Nachwuchs des Homo sapiens grundsätzlich mit seinen Eltern nicht kompatibel?

Man könnte tatsächlich eine Art Muster darin erkennen, dass die älteren Generationen immer den Eindruck haben, die Ansichten der jungen Menschen würden die Weltordnung zerstören, die sie aufgebaut haben. Dazu gehört auch die Überzeugung, die jungen Leute könnten überhaupt nicht langfristig planen, wüssten gar nicht genau, was sie wollen, und seien daher untauglich, das Erbe der Älteren zu übernehmen. Diese pauschale Ablehnung hat Züge einer psychologischen Verdrängung. Die älteren Generationen wissen ganz genau, dass die Welt im Begriff ist, sich sehr schnell zu verändern. Eigentlich, das wissen die Älteren, müssten auch sie sich anpassen, so wie die jungen Menschen es tun, damit sie den Anschluss nicht verlieren. Aber das fällt ihnen schwer, denn sie sind sich nicht sicher, ob sie mit der Offenheit und Ungewissheit wirklich leben können und ob sie den neuen technischen Herausforderungen der Digitalisierung tatsächlich gewachsen sind. Ihre Verunsicherung geben sie nicht gerne zu, und deshalb flüchten sie in die pauschale Ablehnung. Gleichzeitig aber schauen sie äußerst neugierig zu, wie die jungen Leute ihr Leben gestalten, weil sie spüren, dass die Welt in Zukunft anders aussehen wird als bisher und die jungen Leute intuitiv die richtigen Antworten haben könnten.

Man könnte also behaupten, dass die Erwachsenen das eigentliche Problem sind, weil sie mit ihrer festgefahrenen Sicht der Dinge die kommende Generation in ihrer Freiheit und ihrer Suche nach neuen Wegen behindern?

So sehe ich das. Es kommt noch eine generationale Besonderheit hinzu. Die heute 50- bis 65-Jährigen, die zu den sogenannten Babyboom-Jahrgängen gehören und heute in den westlichen Ländern bis zu fünfzig Prozent der Positionen in allen wichtigen Lebensbereichen besetzen, sind eine gestaltende Generation, die alle Voraussetzungen dazu hatte, die gesellschaftlichen Verhältnisse nach ihren Vorstellungen zu formen. Sie sind selbstbewusst und selbstsicher, sie wissen, wie man Macht ausübt und gesellschaftliche Prozesse gestaltet. Und gerade weil sie so erfolgreich sind und die gegenwärtige Gesellschaft so stark geprägt haben, können sie sich kaum vorstellen, dass man all das anders machen könnte, als sie es tun. Die Babyboomer sind zahlenmäßig doppelt so stark wie alle nachfolgenden Generationen, was zu einer generationalen Unwucht geführt hat. Diese Generation merkt, dass ihre Zeit wahrscheinlich vorbei ist und sie auf die Stimmen der jungen Menschen hören sollte, auch wenn sie ihr fremdartig und in vielen Bereichen sogar destruktiv vorkommen.

Eine „klassische" Frage, die ich bisweilen von meiner 13-jährigen Tochter zu hören bekomme, spiegelt dieses Generationsdilemma wider: „Warum sind Eltern immer so gemein?" Sind wir es wirklich? Wollen wir der Jugend unsere Denkmuster aufzwingen?

Das Problem ist vielschichtig. Es fällt zum Beispiel auf, wie gut das Miteinander der heutigen Jugend mit ihren Eltern ist. Die Shell-Jugendstudien in Deutschland zum Beispiel bestätigen, dass die Jugendlichen ihre eigenen Eltern als Orientierung für die Lebensgestaltung sehen und ihre eigenen Kinder einmal genauso erziehen wollen. Die Eltern verkörpern für die heutige Jugend Sicherheit, Stabilität und Wohlstand, also Werte, die ihr vielleicht nicht so selbstverständlich und im gleichen Maße erreichbar erscheinen. Aus diesem Grund lehnen sich die jungen Menschen sehr eng an ihre Eltern an und versuchen, eine Allianz herzustellen. Gleichzeitig gehören die Eltern aber schon der älteren Generation an, die – wie bereits ausgeführt – den jungen Menschen gegenüber unterschwellig erst einmal skeptisch auftritt.

Dieses positive Bild von einem guten Verhältnis der Generation Y, also der zwischen 1985 und 2000 Geborenen, zu ihren Eltern steht im krassen Widerspruch zu der Flut von Erziehungsratgebern, die den Büchermarkt überschwemmt. Sieht die Elterngeneration dieses Verhältnis ebenfalls so positiv?

Alle bekannten Studien bestätigen die positive Sicht aufseiten der jungen Menschen. Auch die Eltern haben eine überwiegend positive Einstellung ihren eigenen Kindern gegenüber; im historischen Vergleich ist ihre Zufriedenheit mit den eigenen Kindern so groß wie noch nie. Sie zeigen sich bereit, vieles mit den Kindern zu teilen und sie auch lange zu Hause wohnen zu lassen. Die Eltern wollen bewusst miterleben, wie die Kinder mit der Welt umgehen, vor allem auch mit der digitalen Entwicklung. Sie wollen von ihren jugendlich gewordenen Kindern lernen, wie die moderne

Welt funktioniert. Deswegen stehen sie ihren eigenen Kindern gar nicht ablehnend gegenüber, sie möchten gute Eltern sein, und deshalb holen sie sich auch gerne einmal einen Rat. Nur dann, wenn man sie abstrakt fragt, ob sie mit „der" jungen Generation zufrieden sind, kommen die ablehnenden Töne zum Vorschein.

Früher war der Spalt zwischen Kindheit und Erwachsensein kaum vorhanden. Heute dagegen gilt Jugend als eine Übergangsphase von der Kindheit ins Erwachsenenalter und kann sich sogar bis zum 25. Lebensjahr erstrecken. Entspricht diese Zeitspanne tatsächlich einer naturgegebenen Lebensstufe oder haben wir sie künstlich in die Länge gezogen?

Eine so große Dauer dieser Lebensphase ist gesellschaftlich bedingt. Biologisch wird ein Mensch mit dem Eintreten in die Pubertät vom Kind zum Jugendlichen. Dieser Zeitpunkt hat sich in den letzten 200 Jahren um fünf bis sechs Jahre nach vorne bewegt, d. h. die Kindheit wird immer kürzer und endet heute in den europäischen Ländern im Schnitt mit 12,5 Jahren. Man tritt heute also sehr früh in die Jugendphase des Lebens ein, verbleibt aber in ihr auch sehr lange, weil die Ausbildungswege länger und die Eintrittsbedingungen in den Arbeitsmarkt schlechter geworden sind. Das führt zur Verzögerung des Übergangs in den Status des Erwachsenen, weil man in unserer Kultur erst dann als Erwachsener gilt, wenn man materiell für sich selbst sorgen kann. Dieser Übergang ist oft gar nicht leicht zu erkennen, er ist fließend und diffus, und deshalb sind Jugendliche und Erwachsene oft schwer zu unterscheiden. Hier liegt übrigens der Grund dafür, dass viele Erwachsene die Offenheit des Jugendstatus faszinierend finden und ihn nachahmen – im Verhalten, bei Kleidern oder allgemein in der offenen Lebenseinstellung. Auf der anderen Seite sind die heutigen Jugendlichen im Umgang mit der digitalen Welt vielen Erwachsenen weit überlegen und zeigen damit, dass Jugendlich-Sein heute keinesfalls heißt, nicht kompetent zu sein.

Meine Großeltern klagten nie über Erziehungsprobleme, obwohl sie mehrere Kinder zu erziehen hatten und vermutlich nicht ein einziges Erziehungsbuch je zu Gesicht bekamen, während heutzutage Eltern oft mit nur einem Kind nicht zurechtkommen, obwohl sie nicht selten Hobbypsychologen sind und unzählige Erziehungsworkshops absolviert haben. Ist das nicht paradox?

Die Länge der Jugendphase ist sicherlich dafür mitverantwortlich. Sie dauert in der Regel 15 Jahre, und es gibt keine historischen Vorbilder für ihre Gestaltung. Hinzu kommt aber auch noch die Tatsache, dass bei nur einem oder zwei Kindern die gesamte Art und Weise der Erziehung sich wesentlich verändert. In der heutigen modernen Kernfamilie kann man nicht mehr auf die standardisierten Rollen von Mutter, Vater und Kind zugreifen und mittels festgelegter sozialer Muster die Erziehung regeln. Früher brauchten die Eltern keine Erziehungsratgeber, weil alle in ihrem Umfeld genauso wie sie handelten. Sie brauchten die althergebrachten Regeln und Vorgaben nicht weiter zu erläutern. Heute ist das nicht mehr möglich. Eltern mit nur einem oder zwei Kindern haben sich in der Regel ganz bewusst dafür entschieden, nach langem Abwägen aller Vorteile und Nachteile für die Lebensgestaltung. Das Kind wird für sie zu einem verlängerten Ich, und daher möchten sie, dass es eine besondere Persönlichkeit entwickelt. Sie versuchen, sich in das Kind einzufühlen, sind sensibel, behandeln es empathisch, wollen es verstehen und in seiner besonderen Art unterstützen. Diesen Ansprüchen gerecht zu werden ist viel schwieriger, als Standard-Eltern zu sein. Die Erziehung hat dadurch eine völlig neue Qualität erreicht als noch vor dreißig Jahren, sie hängt heute sehr eng mit dem Aspekt der Beziehung zusammen.

Eine misslungene Erziehung und fehlende gesellschaftliche Integration wird oft der Gesellschaft mit ihren Institutionen, allen voran dem Bildungssystem, angelastet. Aber wird hier die Rolle der Familie und der engsten Bezugspersonen nicht außer Acht gelassen oder zumindest unterschätzt?

Das ist tatsächlich ein blinder Fleck in der gesellschaftlichen Debatte. In Deutschland herrschte noch bis vor zehn Jahren die weitverbreitete politische Einstellung, dass ein Kind in den ersten sechs Jahren nicht in eine öffentliche Einrichtung gehöre, weil nur die Familie die allerbesten Voraussetzungen für sein Gedeihen bieten kann. Allmählich merken wir aber, dass dieses Muster falsch war. Die Forschung zeigt deutlich, dass die Hauptverantwortung für die Persönlichkeits- und Leistungsentwicklung eines Kindes bei den Eltern liegt. Die ersten Lebensjahre sind für die Ausbildung der Persönlichkeit des Kindes und die gesamte Bildungslaufbahn die am stärksten entscheidende Phase. Werden die Eltern ihrer Rolle nicht gerecht, erleidet ein Kind große Nachteile, und zwar in der Regel ein Leben lang. Heute wissen wir: Kinder können in dieser frühen Phase von vielen zusätzlichen Anregungen außerhalb des Elternhauses nur profitieren. Die Qualität der elterlichen Erziehung ist eben nicht immer optimal, die Kinder werden unterschiedlich gut auf die Schule und auf das spätere Leben vorbereitet. Dadurch entsteht eine große Chancenungleichheit. Aus diesem Grund ist die öffentliche Vorschulerziehung in den letzten Jahren zum wichtigen politischen Thema geworden.

Aber bräuchten die Eltern nicht noch mehr Unterstützung in dieser so wichtigen Zeit?

Ja, ich bin der Auffassung, dass wir Elterntrainings brauchen. Es wurde bisher viel zu wenig darauf geachtet, dass die Eltern eine Schlüsselrolle in der Entwicklung des Kindes spielen. Die heutigen motivierten Eltern versuchen zwar von sich aus ihre Kompetenzen zu erweitern, indem sie sich z. B. die erwähnten Erziehungsratgeber kaufen. Was wir aber außerdem bräuchten, wäre ein professionelles Trainingsprogramm, das ihnen zeigt, wie sie mit ihren Kindern umgehen und zu deren Persönlichkeitsstärkung beitragen. Es müsste in Kooperation mit allen öffentlichen Einrichtungen der Vorschulzeit stattfinden, auch mit den Schulen. Was wir dringend brauchen, ist eine abgestimmte Erziehungs-

und Bildungspartnerschaft zwischen dem Elternhaus und den Bildungseinrichtungen.

Die Entwicklungsphase im Jugendalter kann manchmal krisenhafte Formen annehmen. Was sind die größten Gefahren für diesen Prozess und wie können wir als Eltern ihnen vorbeugen?

Ich arbeite hier gerne mit dem Konzept der Entwicklungsaufgaben. Die Idee: Der junge Mensch steht in jedem bestimmten Alter vor konkreten körperlichen, psychischen und gesellschaftlichen Herausforderungen, auf die er vorbereitet werden muss. Im Jugendalter ist es z. B. typisch, leistungsfähig zu sein und eine gute Bildung zu erwerben. Eine weitere große Aufgabe ist die psychische und die soziale Ablösung von den Eltern, der Aufbau eigener Beziehungen und die Entdeckung und Herausbildung der eigenen Geschlechtsidentität, um eine eigenständige, bindungsfähige Persönlichkeit entwickeln zu können. Die dritte wichtige Aufgabe ist es, mit Medien und mit Konsum umgehen zu lernen, Freizeitangebote souverän zu nutzen und digitale und ökonomische Kompetenzen eines Konsumbürgers zu erlernen. Und viertens geht er darum, gesellschaftlich zu partizipieren, seine eigene Meinung auszubilden und die eigene Umwelt mitzugestalten. Auf alle vier Entwicklungsaufgaben müssen junge Menschen in geeigneter Weise vorbereitet und bei ihrer Bewältigung unterstützt werden, um potenziellen Entwicklungskrisen entgegenzuwirken. Gelingt das nicht, kommt es zu den bekannten Problemverhaltensweisen, vor allem mit den nach innen gerichteten Störungen bis zum Suizid, nach außen gerichteten bis zu Aggression und Gewalt und zu krankhaften, ausweichenden Formen mit Suchtcharakter.

Sind die massiven technologischen Veränderungen der letzten zwanzig bis dreißig Jahre nicht eine große Gefahr für den Zusammenhalt der Generationen? Sind wir überhaupt noch imstande, die Sprache und die Denkmuster der jetzt aufwachsenden Generation zu verstehen?

Die Generation der Erwachsenen und die der heutigen jungen Menschen leben tatsächlich mit zwei völlig unterschiedlichen Erfahrungshorizonten. Wie schon gesagt: Die Aufgabe – aber auch die Chance – der Älteren ist es, sich in die jungen Leute hineinzuvertiefen und zu versuchen, die Welt mit deren Augen zu sehen. Das kann auch hilfreich sein, weil die Jugend immer dicht dran ist an den neuesten Entwicklungen und den Herausforderungen der veränderten Welt. Wenn wir es also schaffen, die jungen Menschen zu verstehen, indem wir sie am Familienleben aktiv beteiligen, sie an der Gestaltung des Schullebens teilhaben lassen, sie in das Arbeitsleben integrieren und überall in der Politik darauf achten, dass ihre Stimmen gehört werden, dann können wir als Gesellschaft nur gewinnen und auf der Höhe der Zeit bleiben. Dabei bleibt wichtig, dass wir unsere eigenen Vorstellungen abgleichen, neu justieren und korrigieren und sie dann mit den Vorstellungen der Jüngeren zumindest in einen Kompromiss bringen.

Das heißt also, dass für uns Erwachsene die einzige Möglichkeit, die Sprache der Jungen zu verstehen, darin liegt, dass wir uns ständig weiterbilden, immer weiter dazulernen und immer wieder versuchen, an deren Entwicklungsstand anzuschließen?

Dem stimme ich zu. Daher finde ich es dramatisch, dass der jungen Generation heute zu wenig zugehört wird, was vor allem im politischen Bereich zu spüren ist, wo sie demografisch bedingt eine sehr schwache Position hat und am politischen Prozess auch nicht entsprechend beteiligt ist. Solche Beispiele wie der Brexit zeigen ganz deutlich, dass die älteren Generationen zahlenmäßig den jüngeren überlegen sind und ihre Stimme viel mehr Einfluss auf derart wichtige Entscheidungen hat. Wenn es uns also nicht gelingt, der jungen Generation zuzuhören, und ihre Einflussmöglichkeiten daher gering bleiben, kann sich die Generationenkluft mit der Zeit vergrößern und es wird für uns immer schwieriger werden, sich mit ihr zu verständigen.

Ist die Orientierungslosigkeit der Jugend und das Gefühl, an gesellschaftlichen Prozessen nicht beteiligt zu sein, dafür verantwortlich, dass sie mit rückständigen, aber Sicherheit vortäuschenden Bildern leicht zu beeinflussen ist?

Selbstverständlich. Das ist eine Sehnsucht nach verlässlichen, alten Mustern, ein Traum von einem Nationalstaat mit seinen festen Grenzen und klaren Regeln. Es ist auch das Bedürfnis, zu wissen, wer man wirklich ist, und der Wunsch nach Sicherheit und Stabilität. Dahinter steckt in vielen Fällen die Reaktion auf die bereits erwähnte Offenheit der Zukunft und die daraus resultierende Unsicherheit.

Die Frage „Wie können wir die Sprache unserer Kindern verstehen?" bleibt also immer noch ein wenig offen. Vielleicht reicht es einfach, auf das zu vertrauen, was wahrscheinlich schon immer ein zuverlässiges Rezept für eine gute Beziehung zwischen Eltern und Kindern war – liebevolle und beschützende Haltung dem jungen Menschen gegenüber verbunden mit einer gesunden Dosis respektvoller und konsequenter Erziehungsmaßnahmen?

Ich würde diesem Rezept zustimmen. Das gegenseitige Verhältnis zwischen den Generationen ist heute individueller, anspruchsvoller und sensibler geworden, was etwas Positives ist. Die beste Form, mit der jüngeren Generation umzugehen, ist Anerkennung, Respekt, Neugier und aufmerksames Zuhören. Gleichzeitig sollten wir aber deutlich machen, wo wir Älteren selbst stehen und warum wir so und nicht anders denken und handeln. Wir sollten die eigenen Gefühle offenlegen, uns authentisch zeigen, Auseinandersetzungen nicht scheuen. Diese so wichtige Offenheit ist äußerst schwierig und verlangt von uns eine neue Form von Autorität, die nichts mehr gemein hat mit der Standardautorität „weil ich Vater/Mutter bin". Wir müssen unsere Einstellungen und Verhaltensweisen den jungen Menschen gegenüber begründen. Gleichzeitig dürfen wir ihre Sicht der Dinge nicht ignorieren, sondern müssen uns bemühen, sie zu verstehen.

Die amerikanische Schriftstellerin und Nobelpreisträgerin Pearl Buck fasste diese Erkenntnis vor einem halben Jahrhundert so zusammen: „Die Jugend soll ihre eigenen Wege gehen, aber ein paar Wegweiser können nicht schaden." Viel kann man dem heute auch nicht hinzufügen ...

In der Tat. Wir sollten die jungen Leute ihren Weg gehen lassen. Wenn der überzeugend ist, dann sollten wir unbefangen zustimmen. Aber es wird nicht ausbleiben, dass wir hin und wieder sagen: „Meiner Ansicht nach steuerst du in die falsche Richtung." Also – das Motto von Pearl Buck ist genau das richtige für die Generationenverständigung.

WER WERDEN WIR SEIN? BLICKE IN DIE ZUKUNFT

Wie wollen wir leben?

Peter Bieri

. . . .

Herr Bieri, Sie sagen „Es wäre auch möglich, etwas Anderes zu denken, zu fühlen, zu wollen ..." Für die meisten Menschen scheint es äußerst schwierig zu sein, ihren Lebensentwurf zu verändern. Können Sie als Philosoph uns bei dieser Aufgabe helfen? Oder ist Ihre Betrachtungsweise in diesem Fall eher eine psychologische?

Da meine Überlegungen sich auf die Menschen beziehen, auf das, was sie können, was ihnen geschieht, sind sie natürlich immer auch ein Stück Psychologie. Sie unterscheiden sich aber von der psychologischen Sichtweise darin, dass sie sich in allgemeineren Kategorien bewegen, sie betreffen existenzielle Grundfragen. Was die Möglichkeit, anders zu denken, zu fühlen oder zu wollen anlangt, ist unsere wichtigste Fähigkeit, statt nur getrieben zu werden von dem, was in uns passiert und von außen ausgelöst wird – metaphorisch gesprochen –, „ein Schritt hinter uns zurücktreten zu können" und einen kritischen Abstand zu uns selbst aufzubauen. Wir können uns in Form einer deskriptiven Bestandsaufnahme fragen, was denke und fühle ich eigentlich, was sind meine Bedürfnisse und Emotionen, kurz gesagt – wer bin ich? Wir können aber außerdem auch die Frage normativ stellen – wer möchte ich eigentlich sein? Bin ich zufrieden mit meiner Art zu denken und zu fühlen, mit dem, was ich mir wünsche und was ich will? Und weil wir eben imstande sind, einen solchen inneren Abstand zu uns selbst aufzubauen – einen beschreibenden und einen normativen –, können wir auch darangehen, uns zu verändern. Diese Fähigkeit ist nur uns Menschen eigen, Tiere können das nicht.

Die Frage „Wie wollen wir leben?" könnte man um den Nebensatz ergänzen „... damit unser Leben erfüllter, freier, glücklicher wird". Was wären die Grundbedingungen für ein solches Leben?

Die Frage „Wie wollen wir leben?" bedeutet auch so viel wie: „Was gibt es in uns an Vorstellungen von uns selbst, von Situationen, in denen wir gerne wären?", also allgemein gesprochen: „Welche sind unsere Vorstellungen vom glücklichen und gelungenen Leben?" Es kommt also darauf an, diesen Vorstellungen auf die Spur zu kommen. Etwas Wichtiges scheint mir der Gedanke zu sein, dass wir, wenn wir uns mit dem Selbsterkennen beschäftigen und uns selbst zum Thema machen, viele Dinge über uns herausfinden, die sonst im Verborgenen bleiben würden. Wir leben die meiste Zeit als Getriebene, vieles von dem, was unser Leben bestimmt, liegt im Dunkeln und ist uns unbewusst. Ich plädiere dafür, den Radius des Bewusstseins nach innen zu vergrößern.

Sie nennen es auch „sich mit sich selbst auskennen ...". Die meisten Menschen kennen sich z. B. aufgrund ihrer beruflichen Ausbildung mit irgendeinem Lebensbereich besonders gut aus. Wäre es also nicht sinnvoll, „Selbsterkenntnis" z. B. als Schulfach einzuführen oder sie sogar als ein Grundrecht zu definieren?

Die Fähigkeit, sich mit sich selbst zu beschäftigen und sich mit sich selbst auszukennen, hat sehr viel mit dem Begriff der Bildung zu tun – im Unterschied zur formalen Ausbildung. Man kann die Menschen ausbilden im Sinne von trainieren, sodass sie sich in einem bestimmen Bereich, z. B. im Beruf, gewisse nützliche Fähigkeiten aneignen. Bildung dagegen ist eben der Weg, sich selbst zu erfahren und sich mit sich selbst auszukennen. Dieser Prozess fängt bereits in einem sehr frühen Alter an, wenn kleine Kinder ihre motorischen und sprachlichen Fähigkeiten entdecken, wenn sie ausprobieren, was sie bei anderen Menschen erreichen können. Und wenn ich mit meinen Überlegungen recht habe, ist dieser Prozess offen, nie abgeschlossen, weil uns jedes Lebensalter erlaubt, immer wieder neue Aspekte von uns selbst kennenzulernen. Alterungs- und Reifungsprozesse sind häufig mit Krisen verbunden, und wenn eine bestimmte Phase des Lebens zu Ende geht oder möglicherweise ins Leere läuft, dann wird spürbar, dass etwas Neues passieren muss. Der Weg aus solchen Krisen führt immer dazu, dass man sich besser kennenlernt und neue Aspekte und Dimensionen von sich selbst entdeckt. Daraus resultiert eben der endlose Bildungsprozess.

Sie vergleichen den so verstandenen Bildungsprozess mit dem Aufwachen und nennen – neben der Selbsterkenntnis oder der „Überführung des Unbewussten ins Bewusste" – einen weiteren Grundpfeiler dieser Entwicklung: die Selbstbestimmung.

Ich halte Selbstbestimmung, genauso wie die Selbsterkenntnis, für eine der wichtigsten Voraussetzungen für ein erfülltes Leben. Ich rede in diesem Zusammenhang selten von einem glücklichen Leben, weil Glück ein vielfältiger und schwer zu erfassender Begriff ist. Selbstbestimmung hat auch sehr viel mit Würde zu tun, also damit, in welchem Maße der Mensch selbst darüber bestimmt, wie sein Leben aussehen soll.

Wie erkenne ich aber, dass ich kein selbstbestimmtes Leben führe? Wie werfe ich alte, versklavende Vorstellungen über Bord, wo wir doch – gerade in Bezug auf die Frage unserer Lebensqualität – nicht selten Selbsttäuschungen unterliegen, die gar nicht leicht zu entlarven sind?

Es hat ebenfalls mit der Fähigkeit zu tun, das eigene Leben nicht blind vor sich hin zu leben, und darauf zu achten, was man tut und sagt, kurzum, mit dem Prozess des Aufwachens und des Bewusstwerdens. Dieser Gedanke des Wachseins gegenüber sich selbst ist nicht neu, es gibt ihn in den asiatischen Religionen, er kommt auch in der christlichen Religion vor und natürlich auch in der

Aufklärung. Auch in dem heute so populären Wort Achtsamkeit ist diese Idee enthalten. Der Kern dieser Idee ist aber immer derselbe – die große Chance besteht für den Menschen in der Möglichkeit, einen Schritt zurückzutreten und sich zu fragen, ob er die Art, wie er denkt, fühlt – und redet, gut findet, d. h. einen kritischen Abstand zu sich selbst aufzubauen. Diese Prozesse sind natürlich oft langsam und zähflüssig und verlangen immer, dass man nach den Gründen einer Handlung fragt und nach dem Selbstbild des Handelnden. Das Selbstbild ist hierbei ein sehr wichtiger Aspekt, es wird langsam, wie durch Osmose, seit der frühesten Kindheit aufgebaut, ist versetzt mit den Interaktionen mit anderen Menschen, enthält Vorstellungen davon, wer man ist, was richtig und falsch ist. Es ist also eine sehr vage, bruchstückhafte, zum Teil inkohärente Vorstellung von sich selbst. Ich suche im Grunde genommen nach der Antwort auf die Frage, was es heißt, bewusst am eigenen Selbstbild zu arbeiten.

Die Arbeit am eigenen Selbstbild würde verlangen, dass man in sich hineinhört und sich der Diskrepanz bewusst wird zwischen den eigenen Gefühlen und dem, wie man tatsächlich lebt und handelt.

Das ist tatsächlich eine Quelle der Erkenntnis, wenn einem bewusst wird, dass die Dinge, die man tut, und die eigene Gefühlswelt nicht so recht zueinander passen. Dies setzt aber bereits eine gewisse Bewusstheit voraus.

Wie baue ich aber diese Grundbewusstheit auf?

Eine wichtige Quelle dieser Bewusstheit ist das, was die anderen mir sagen. Wir entdecken nicht selten, dass das Bild, das die anderen von uns haben, sich mit unserem eigenen nicht deckt, dass es hier Inkongruenzen gibt. Das müsste uns nachdenklich machen und dazu veranlassen, die anderen zu fragen, warum sie uns anders sehen, warum sie unser Tun nicht so wie wir bewerten. Wir müssten überlegen, was ist der Grund dafür, dass mich mehrere

Menschen so und nicht anders sehen. Wenn dann ein Austausch darüber stattfinden würde, könnte das zu einer Korrektur des Selbstbildes führen.

Eine weitere Quelle für die Entwicklung der Grundbewusstheit sehen Sie in der Literatur.

Ja, Literatur ist deswegen wichtig, weil sie uns darüber belehrt, wie Andere leben, fühlen und denken, was ihnen zustößt. Indem ich die Geschichten über fremde Personen lese, frage ich mich mehr oder weniger bewusst, wie es mir in dieser oder jener Situation ergangen wäre, ich kann mein Verhalten daran messen. Zum Teil funktioniert es so ähnlich auch beim Anschauen von Filmen.

Lesen von Literatur alleine ist aber eher ein passiver Vorgang, der mit eigenen Erfahrungen kaum vergleichbar ist ...

Deshalb sehe ich auch die dritte, aktive Möglichkeit, sein Selbstbild zum Thema zu machen, darin, sich selbst zur Sprache zu bringen, also im Schreiben. Es muss nicht gleich Literatur sein, es würde reichen, Briefe zu schreiben, was heutzutage kaum noch jemand tut. Hierbei geht es darum, dass ich Worte für meine Gefühle, Gedanken und Mitteilungen finde und dadurch mich selbst erkennen kann.

Diesen drei Quellen der Selbsterkenntnis ist aber gemeinsam, dass sie mehr oder weniger außenbezogen sind. Auch beim Schreiben hoffen wir möglicherweise insgeheim, dass uns irgendwann eine Art Rückmeldung des potenziellen Lesers erreicht und so eine Verbindung zur Außenwelt hergestellt wird. Was ist aber mit der Suche im Inneren, können wir auch aus uns heraus Erkenntnisse über das eigene Selbstbild gewinnen?

Hier könnte Meditation der Zugang zur inneren Quelle der Selbsterkenntnis sein. Meditation nicht im esoterischen oder religiösen

Sinne, sondern in der Art, dass man in der Hektik des Lebensvollzugs eine Pause macht, vielleicht auch mit entsprechenden Übungen verbunden, und sich erstmal vergegenwärtigt, wie die eigenen Empfindungen sind. Wir gehen oft mit latenten Ängsten und Beklemmungen durchs Leben, mit diffusen Erwartungen und Hoffnungen. Ein solches Horchen nach Innen kann eine Initialzündung für einen Prozess auslösen, der es ermöglicht, zunächst einmal nur zu spüren, wie es mir geht, was mich beschäftigt oder was mich quält. Im Grunde ist es eine Genauigkeit der Introspektion.

Aber haben wir nicht einfach Angst, die innere Wahrheit über uns zu erfahren, mit unsren wahren Gefühlen, manchmal auch mit unangenehmen Erinnerungen konfrontiert zu werden?

Daher wäre es äußerst wichtig, dass man bereits als Kind sowohl in der Familie wie auch im außerfamiliären Umfeld lernt, die Aufmerksamkeit darauf zu richten, was man denkt und fühlt und dadurch von Anfang an die Erfahrung macht, einfach wacher zu werden. Ich habe es nie verstanden, warum Menschen nicht nach diesem Zustand streben wollen, da es doch viel interessanter ist, sein wahres Ich zu kennen, als nur vor sich hin zu leben.

Es sieht aber eher so aus, als würden die meisten Menschen gar nicht daran interessiert sein, sich selbst kennenzulernen …

Das hat viel mit Wahrhaftigkeit und Ehrlichkeit sich selbst gegenüber zu tun. Es gibt in jedem von uns Empfindungen, Erfahrungen, Impulse und Fantasien, die uns nicht gefallen. Sie zu erkennen und ihre Existenz anzuerkennen, ist tatsächlich mit Ängsten verbunden. Deshalb ist wach und ehrlich mit sich selbst zu sein so anstrengend, weil es viel Mut und Courage von uns verlangt. Ich bin in einer kleinbürgerlichen Schweizer Familie aufgewachsen und hatte immer das dumpfe Gefühl, dass dieses kleinbürgerliche Leben nicht gut und nicht interessant genug ist. Deshalb habe ich angefangen, indische Religion und Mystik zu studieren, um etwas zu haben, das interessanter war und vor allem mit mir zu tun hatte.

Wie hat die kleinbürgerliche Welt diese Suche eines jungen Menschen nach neuen Lebensräumen aufgenommen?

Die Menschen um mich herum haben das nicht verstanden und es als eine pubertäre Phase abgetan. Was sie aber wirklich nicht begriffen haben, war die Tatsache, dass es eigentlich eine Revolte gegen ein blindes, unbewusst gelebtes Leben war. Das konnten sie nicht annehmen; wenn sie nämlich genau hingeguckt hätten, wäre ihre eigene Form des Lebens infrage gestellt und bedroht gewesen.

Die Angst also vor dem Auseinanderfallen der bisher aufgebauten Lebenskonstruktion und die fehlende Zuversicht, dass eine andere, bessere Konstruktion möglich wäre?

Dazu kommt auch noch die nicht zu unterschätzende Gefahr, dass man, wenn man anfängt, die überkommenen Selbstbilder und Vorstellungen infrage zu stellen und sich neue aufzubauen, riskiert, ausgeschlossen zu werden.

Ist das nicht die eigentliche Quelle der lähmenden Angst, dieser inneren Starrheit des Erlebens und Wollens, von der Sie auch oft sprechen? Wie überwinde ich diese innere Passivität, die ja oft die Folge einer langen Vorgeschichte ist und möglicherweise tiefe Spuren in unserem innersten Wesen hinterlassen hat?

Der vielleicht beste Weg, diese innere Starre und die damit verbundene Unfreiheit zu überwinden, ist dann gegeben, wenn man in einer Lebenskrise Unterstützung bei einem Therapeuten sucht. Das kann helfen, die verborgenen Anteile des Selbstbilds überhaupt erst mal auszusprechen und sich dadurch bewusst zu machen. Die größte Hürde ist sicherlich, bestimmten Sachverhalten und Gefühlen überhaupt einen Namen zu geben und sie dann auch noch vor einem fremden Menschen auszusprechen. Ich glaube aber, dass die Verbalisierung der Innenwelt, das Finden der richtigen Worte, vielleicht der allerwichtigste Schritt ist, um die innere Freiheit zu vergrößern.

Sie betonen die Bedeutung der Sprache im Prozess der Selbsterkenntnis immer wieder. Warum ist die Sprache für Sie so bedeutend?

Ich halte es für außerordentlich wichtig, sich bewusst zu werden, was die tiefere Bedeutung der Worte ist, die wir im Alltag oft gewohnheitsmäßig gebrauchen. Ich sehe in der Auseinandersetzung mit der Sprache, und zwar in der Suche nach Wörtern, die zu mir passen, eine raffiniertere Form der Selbsterkenntnis. Das Arbeiten an sich selbst ist also immer auch die Arbeit an der eigenen Sprache. Die Bewusstwerdung der eigenen Sprache und die Wachheit gegenüber den benutzten Wörtern führt aber auch dazu, dass es bisweilen schwierig wird, mit den bisherigen Sprachgewohnheiten zu leben und z. B. in Gesprächen dem zuzuhören, was die Anderen oft unüberlegt von sich geben. Mit einem solchen Sprachbewusstsein wird auch vieles von dem, was das heutige Fernsehen bietet, zur reinen Qual. Wir lernen die Sprache in der frühesten Kindheit zunächst durch das Nachplappern des Gehörten. Irgendwann aber beginnt der Bildungsprozess, in dem der Mensch sich nach und nach zu fragen beginnen sollte, ob das Bekannte und Vertraute eigentlich richtig ist. Dazu bedarf es eben einer Sensibilität für Wörter. Nicht weniger wichtig wäre aber auch das Erlernen von Fremdsprachen, um zu erfahren, wie es ist, das Leben mit anderen Wörtern zu beschreiben, es anders wahrzunehmen. Wenn ich dann den Spielraum der möglichen sprachlichen Äußerungen kenne, kann ich mich für oder gegen eine bestimmte Option entscheiden. Daher ist für mich das Schreiben eines Buchs eine unerhört freiheitsstiftende Tätigkeit. Man ist nach einem Buch, sei es ein Roman oder ein Sachbuch, nicht mehr derselbe wie vorher.

Wie macht man aber den ersten Schritt auf dem Weg zum Aufdecken von Selbsttäuschungen und zur Herstellung eines stimmigen Lebensgefühls?

Die Angst vor dem ersten Schritt zur Selbsterkenntnis ist ohne Zweifel ein großes Hindernis, manchmal ist tatsächlich eine Hilfe nötig, z. B. in Form einer Therapie, um zu erfahren, wie befreiend es ist, den dunklen, verschlossenen Raum der Innenwelt zu betreten. Wenn man es einmal erlebt hat, will man immer weitergehen. Dieser Weg führt dann möglicherweise zu einem Wendepunkt, an dem das frühere Leben einem dumpf und gestaltlos vorkommt. Die meisten Menschen trauen sich erst dann diesen Weg zu betreten, wenn sie unter einen ganz großen Druck geraten, sei es durch Schicksalsschläge oder durch lang andauernden Stress verursachte psychosomatische Beschwerden. Daher gehörte es also zu einer Kultur, in der ich leben möchte, dass der Prozess des Sich-der-Innenwelt-Bewusstwerdens einen sehr großen Stellenwert hätte, der bereits den Kindern vermittelt würde. Meines Erachtens bemisst sich die Güte und der Entwicklungsstand einer Kultur eben daran, wie sehr sie es dem Einzelnen ermöglicht, die Selbsterkenntnis zu gewinnen und immer weiter zu vergrößern.

Damit wären wir bei der dritten Säule des erfüllten Lebens – der kulturellen Identität. Sie schreiben, dass diese Identität durch „blindes Erlernen von Regeln der eigenen Kultur" erworben wird und etwas Kontingentes ist.

Ja, wir wachsen als Kinder in eine bestimmte Kultur hinein und übernehmen blind deren Konventionen, Sprache, Überzeugungen etc. Daher bedürfte es eines möglichst früh einsetzenden Bildungsprozesses, der eine kritische Beleuchtung dieser kulturellen Elemente beinhalten würde. Es geht nicht darum, diese Elemente grundsätzlich zu verwerfen, sondern zuerst den Kindern zu zeigen, wie die eigene Kultur aufgebaut ist, und sie dann mit anderen kulturellen Formen und Gepflogenheiten zu konfrontieren. In der heutigen Welt ist es dank technischer Möglichkeiten nicht schwer, den Kindern zu vermitteln, dass Menschen in anderen Kulturen in bestimmten Situationen sich anders verhalten, anders reagieren, anders denken und fühlen. Somit kommen wir zurück zum Ausgangspunkt unseres Gesprächs und zu dem Satz: „Es wäre auch möglich, etwas Anderes zu denken, zu fühlen, zu wollen ...“

Dieses „anders denken“ müsste alle wichtigen Bereiche der kulturellen Identität umfassen, vielleicht allen voran auch die religiöse Prägung, die ja in fast allen Kulturen immer noch eine sehr große Rolle spielt.

Die Entwicklung der eigenen Identität beinhaltet natürlich auch die Frage: „Wie ist meine persönliche Einstellung zur Religion?“ Hierzu müsste man eine gewisse Neugier gegenüber den anderen Religionen entwickeln, deren Hauptschriften mal in die Hand nehmen und schauen, was dort wirklich erzählt wird. Ich müsste ein Bewusstsein dafür entwickeln, dass dort Themen bewegt werden, die vielleicht meine eigene Identität betreffen, Fragen wie: „Auf welcher Seite will ich stehen? Möchte ich überhaupt einer Religion angehören? Wie ist es, atheistisch zu sein?“ Es sind Fragen, die sehr eng mit der Selbstbestimmung und letztendlich auch mit der Würde des Menschen zusammenhängen.

Könnten all diese Aspekte des inneren Aufwachens im Idealfall – im Sinne der Aufklärung – zum Ausgang des Menschen aus der Unmündigkeit führen?

Im Grunde sind diese Aspekte eng miteinander verwoben, sie stellen einen einzigen Prozess dar, sich immer mehr zu einem mündigen und innerlich freien Menschen zu entwickeln. Es ist natürlich nicht leicht, in vielen Dingen des Lebens zu einer eigenen Einstellung zu gelangen, sich diese zu erarbeiten. Man muss es wie eine Art Handwerk erlernen und unentwegt, ein ganzes Leben lang anwenden. Letztendlich bleibt es aber ein nie endendes Bemühen um immer mehr Selbsterkenntnis, immer mehr Autonomie, um ein immer besseres Leben.

Warum erwachsen werden?

Susan Neiman

· · · · · · · · · · · · · · · · · ·

Frau Neiman, ist Erwachsenwerden eine Entscheidungsfrage?

Das ist es in der Tat. Man wird natürlich älter, ob man es will oder nicht, für mich ist aber der Unterschied zwischen Älterwerden und Erwachsenwerden von Bedeutung. Viele meiner Freunde waren ziemlich empört, als sie den Titel meines Buches „Warum erwachsen werden?" sahen. Einige von ihnen sagten sogar ganz klar, sie wollten nicht erwachsen werden, ihr Held sei schon immer Peter Pan gewesen. Viele dieser Menschen sind für mich wahre Vorbilder, sie stehen fest im Leben, sind gesellschaftlich oder politisch engagiert und im Sinne meiner Definition vollkommen erwachsen. Das Erwachsenwerden hat aber in unserer Gesellschaft einen derart schlechten Ruf, dass auch solche Menschen sich oft dagegen sträuben.

Woran liegt das?

Formulierungen wie „Du siehst aber jung aus" oder „Er ist jung geblieben" klingen immer wie ein großes Kompliment und zeugen davon, dass wir uns schämen, älter und erwachsen zu werden. Die Idee, dass das Erwachsenwerden ein schönes Ziel sein könnte, ist uns völlig fremd. Beim Schreiben des Buches dachte ich an eine Leserschaft im Alter von ca. vierzig Jahren aufwärts, an Menschen also, die das Leben in festen Bahnen sehen und denken, es komme jetzt nichts Neues mehr dazu. Was mich aber erstaunt und auch wirklich gefreut hat, war die überraschende Tatsache, dass viele begeisterte Leser meines Buches sehr jung waren, Leute im Alter zwischen zwanzig und dreißig Jahren. Viele von ihnen haben in Kommentaren und Kritiken geschrieben, dass „endlich jemand sagt, dass man sich auch auf ein Leben jenseits von dreißig freuen kann, und dass die Zeit davor ein wirklich schwieriger Lebensabschnitt ist".

Laut vieler Studien, u. a. in der Glücksforschung, werden die meisten Menschen gerade erst ab Mitte vierzig glücklicher. Warum trauert man dann der Kindheit und der Jugend nach?

Zum einen verklären wir diese Zeit allzu sehr und vergessen dabei vollkommen, wie schwierig sie war. Wer Kinder hat, kann genau beobachten, wie frustrierend die Kindheit oft sein kann. In der Regel will jedes Kind erwachsen werden, weil es hofft, da wird das Leben ihm mehr Möglichkeiten bieten. Die Konfrontation mit den Quälereien der Jugendzeit ab 18 bis ca. dreißig Jahren bei den eigenen Kindern erinnert uns daran, wie schwer auch unsere eigene Jugend war. Der zweite Grund ist: Wir leben in einer Gesellschaft, die eigentlich keine Erwachsenen gebrauchen kann. Wirkliche Erwachsene denken nämlich eigenständig, sind selbstbestimmt. Bereits Kant schrieb davon, dass die Regierung keine Erwachsenen haben möchte. Der Neoliberalismus ist eine extrem unerwachsene Weltanschauung, bei der das reine Konsumieren den Wesenskern ausmacht.

Sie behaupten, das nicht-totalitäre System der westlichen Gesellschaft infantilisiere uns durch das Anbieten von Konsumgütern, die Sie Spielzeuge nennen. Glauben Sie, dass da wirklich eine Strategie dahintersteckt?

In einer nicht-totalitären Gesellschaft gibt es natürlich kein zusammengesetztes Gremium oder eine Art Weltregierung, die beschließt, Menschen zu verdummen, damit möglichst viel Spielzeug verkauft wird. Die meisten Neoliberalen glauben aber tatsächlich daran, dass das menschliche Glück sich im Konsumieren verwirkliche, das drückte vor einigen Jahren eine in den USA verbreitete Parole aus: „Wer mit dem meisten Spielzeug stirbt, hat gewonnen." Das eigentliche Problem ist die Passivität der Menschen. Erwachsenwerden zeichnet sich in erster Linie durch Aktivität aus. Es gibt Beispiele solcher Aktivitäten, z. B. Mitarbeiter von Facebook, die die Firma verlassen, weil sie nicht ein System aufrechterhalten wollen, das Millionen von Menschen beeinflusst und womöglich auch süchtig macht. In diesem Sinne gibt es schon gewisse planmäßige Strategien, z. B. bei den mächtigen Firmen in Silicon Valley, die gezielt daran arbeiten, möglichst viele Menschen abhängig zu machen.

Bin ich dann nicht erwachsen, wenn ich mir alle paar Jahre ein neues Auto kaufe, zweimal im Jahr Pauschalurlaub mache und immer das neuste Handy habe?

Das Problem ist: Auch wenn man versucht, recht bewusst zu leben, und an diesem Konsumwahn nicht teilnimmt, ist man durch bestimmte Mechanismen, wie z. B. die geplante Obsoleszenz, zum Teil dazu gezwungen, mitzumachen. Wer kein Computer hat, kann nicht mehr am Leben teilnehmen, aber die Computer sind so gebaut, dass sie immer schneller kaputt gehen. Selbst die, die wirklich nicht ständig neue Produkte kaufen wollen, sind manchmal dazu gezwungen. Aber wie der UNO-Klimabericht deutlich macht: Diese Art von Verhalten muss sich ändern, wenn wir überleben wollen.

Die moderne Gesellschaft ermöglicht es uns gleichzeitig, wie nie zuvor, selbständig zu werden, eigene Wege zu gehen, sich zu bilden und kreativ zu sein. Wird ein freier, denkender Mensch in einer solchen Gesellschaft mit der Zeit nicht automatisch erwachsen?

Nein. Wir sind so stark in diesen Mechanismen der Vereinheitlichung verfangen, dass sie uns gar nicht bewusst sind. Wenn man sich Reisende in einem Zug anschaut, sieht man Menschen, die alle ziemlich gleich aussehen und in ihre kleinen Bildschirme starren. Die meisten kommen gar nicht auf die Idee, zehn Minuten lang, ohne Bildschirm, sich den eigenen Gedanken zu widmen oder mit einem Fremden ins Gespräch zu kommen. Studien über soziale Medien bestätigen, dass man dort überwiegend mit Gleichgesinnten in Kontakt kommt und so nur noch den Effekt des Einheitsbreis verstärkt.

Sie schreiben, dass die Kultur uns unsere Versklavung lieben lässt. Ich fühle mich aber in dieser Kultur ziemlich frei, gerade dann, wenn ich mein Leben mit dem aller vergangenen Generationen vergleiche. Warum sind wir Ihrer Meinung nach versklavt?

Eine totalitäre Gesellschaft benutzt Ketten, um sich die Menschen gefügig zu machen. Eine nicht-totalitäre Gesellschaft hat ihre eigenen Ketten, schmückt diese aber, wie Rousseau es formuliert hatte, mit Blumen. Solche Ketten sehen dann schön aus und riechen gut, sodass wir lernen, sie zu lieben, und glauben, so soll Zivilisation eben sein. Natürlich haben wir in Deutschland immer noch eine relativ vernünftige Regierungsform, einen wunderbaren Präsidenten, einen sozialen Rechtsstaat, ein gut funktionierendes Gesundheitswesen und einen hohen Wohlstand. Es sind Errungenschaften, die in der neoliberalen Welt keineswegs als selbstverständliche Rechte gelten, und wir sollten sie natürlich schätzen. Wir dürfen aber nicht vergessen, dass wir immer auf der Hut sein müssen, diese Werte zu bewahren. Das gilt natürlich für ganz Europa und alle vergleichbaren Gesellschaftsformen in der Welt.

Wenn nur ein aktiver und selbständiger Mensch glücklich werden kann, warum lassen wir uns dann so versklaven?

Ich glaube, die Erklärung dafür ist relativ banal – es ist viel einfacher, passiv zu sein, als in einer komplexen und immer undurchsichtigeren Welt tätig zu werden. Es ist äußerst schwierig herauszufinden, wie man sinnvoll politisch-gesellschaftlich wirksam sein kann. Die Kräfte, die die Welt lenken, sind relativ anonym, und man weiß nicht, wo man den Hebel ansetzen könnte. Es heißt aber nicht, dass wir völlig machtlos sind. Wir lassen uns allerdings zu sehr von den Angeboten der uns umgebenden Konsumwelt ablenken, diese Angebote sind reichhaltig und sehr komplex. Wir sind alle ablenkbar, und die neoliberale Welt tut alles, um diese Neigung auszunutzen.

Kant meinte, dass wir selbst daran schuld sind, wenn wir nicht erwachsen werden. Stimmen Sie dem zu?

Kant schrieb tatsächlich in dem ersten Absatz seiner Abhandlung über die Aufklärung, dass unsere Unmündigkeit selbstverschuldet ist. In dem zweiten Absatz fügt er allerdings hinzu, dass „unsere Vormünder gar kein Interesse daran haben, dass wir erwachsen werden". Er meint mit Vormündern natürlich die Regierung, die zu seiner Zeit, im 18. Jahrhundert, eine völlig andere war, aber diese Beschreibung lässt sich auf unsere neoliberale Wirklichkeit sehr wohl übertragen. Natürlich ist unsere Unmündigkeit ein wenig selbstverschuldet, wir spielen da alle mit und machen es uns bequem, die Gesellschaft ist aber in ihren Grundzügen so konstruiert, dass sie uns dumm macht.

Verglichen mit dem 18. Jahrhundert ist unsere moderne Gesellschaft insofern anders, dass sie über völlig neue technische Möglichkeiten der Beeinflussung verfügt. Sind die digitalen Medien, allen voran das Internet, auch eine zusätzliche Gefahr auf dem Weg zur eigenen Mündigkeit oder sehen Sie darin auch eine Chance, den Prozess des Erwachsenwerdens zu unterstützen?

Ich vergleiche die neuen Medien mit Alkohol. Zehn Prozent der Menschen werden beim Umgang mit Alkohol süchtig, die restlichen neunzig Prozent können ruhig ab und zu zwei Gläser Wein genießen, ohne dass das ihnen zur Gefahr wird. Es geht darum, die Fähigkeit zu entwickeln, solche Möglichkeiten richtig zu nutzen und nicht süchtig zu werden. Das ist nicht einfach und erfordert von uns viel Kraft. Inzwischen können wir aufs Internet nicht mehr verzichten, wir müssen also lernen, es sinnvoll und mit Gewinn für unsere Mündigkeit einzusetzen.

Was verstehen Sie unter dem Peter-Pan-Syndrom, von dem Sie schreiben?

Ich verwende diese Bezeichnung nicht in dem gleichen Sinne, wie der amerikanische Therapeut Dan Kiley, der in seinem gleichnamigen Buch in den 1980er Jahren erwachsene Männer beschreibt, die sich mit sechzig Jahren immer noch wie Jugendliche verhalten. Ich meine mit diesem Begriff fast das Gegenteil. Wie bereits gesagt, leben wir in einer Gesellschaft mit einem äußerst schlechten Bild vom Erwachsenwerden, wir verteilen keine Komplimente für das Erwachsensein, dieser Zustand erscheint uns grau und langweilig, wird mit Stillstand und Resignation assoziiert. Der innere Widerstand gegen dieses Bild führt zu der Abneigung gegen die Vorstellung, erwachsen werden zu müssen. Ich kämpfe gegen das Bild, das durch die mit erhobenem Zeigefinger vorgetragenen Ermahnungen entsteht: „Werde erwachsen, höre auf zu träumen und Ideale zu haben, höre auf, mehr zu wollen, als die vorgegebene Wirklichkeit dir bietet." Ich möchte ein neues, erstrebenswertes Bild des Erwachsenwerdens zeichnen.

Ist Erwachsenwerden in Ihrem Sinne also auch die Kunst, ein wenig von der kindlichen Begeisterungsfähigkeit für etwas wirklich Neues beizubehalten?

Wir beobachten mit Faszination die Begeisterungsfähigkeit für Neues bei Babys und Kindern; ich verstehe dann nicht, warum wir meinen, dass diese Fähigkeit nur kindisch sei. Warum sollte Erwachsensein mit der Erkenntnis gleichzusetzen sein, „ich habe schon alles gesehen, es gibt nichts Neues mehr zu entdecken"?

In der Kindheit hat jede Kleinigkeit uns ins Staunen versetzt. Als Erwachsene brauchen wir aber eine ständige Steigerung der Reizpegels und der Reizmenge. Wie können wir diesem Teufelskreis entfliehen?

Die wichtigste Eigenschaft des Erwachsenseins ist für mich die Kunst, zwischen zwei grundsätzlichen Polen des Menschseins zu balancieren – der Fähigkeit, zu erkennen, wie die Welt tatsächlich ist, und der Fähigkeit, zu denken, wie sie sein soll. Es ist die Kunst, der Wirklichkeit ins Auge zu schauen und dennoch daran zu arbeiten, die Welt ein Stück näher an einen idealen Zustand zu bringen.

Ist das auch die Kunst, zwischen der Option des Lebens im Sein-Modus und der im Haben-Modus zu wählen, wie Erich Fromm es beschrieben hatte?

Diese Frage steht nicht im Mittelpunkt meiner Überlegungen, aber, wie Bertolt Brecht einst meinte: „Erst kommt das Fressen, dann kommt die Moral." Das heißt, wer hungert und friert, kann nicht über Moral nachdenken. Doch sobald wir über das Nötigste hinaus sind, brauchen wir und benutzen wir Ideale – auch wenn es heutzutage nicht modisch ist, das zu behaupten. Die niemals endende Suche nach dem Gleichgewicht zwischen Sein und Sollen der menschlichen Existenz ist die eigentliche Aufgabe und der wahre Sinn im Leben eines Erwachsenen.

Selbst denken

Harald Welzer

· · · · · · · · · · · · · · · · ·

Herr Welzer, soll der Titel Ihres vor ein paar Jahren erschienenen Buches „Selbst denken" suggerieren, dass wir es heute nicht tun?

Das Meiste, was wir tun, sind mehr oder weniger automatisierte Vorgänge, das gilt aber nicht nur für die heutige Zeit, es war schon immer so. Wenn wir mit der Bahn von A nach B fahren wollen, überlegen wir nicht, wie wir das Problem der Raumüberwindung lösen, sondern wir schauen in den Fahrplan. Das Gleiche gilt für die meisten Probleme des Alltags, bei denen wir uns an dem orientieren, was die anderen machen. Ich würde sagen, dass wir bei neunzig Prozent all unserer Tätigkeiten überhaupt nicht darüber nachdenken, was wir da tun. Daneben gibt es aber auch einen Bereich, in dem wir uns zugutehalten, dass wir darin entscheidungsfähig seien sowie autonom wahrnehmen und interpretieren könnten. In meinem Buch „Selbst denken" versuche ich zu zeigen, dass der Raum des Selbstdenkens und Selbstinterpretierens gesichert und ausgebaut werden kann.

Wie können wir aber wissen, dass wir uns in diesem Bereich befinden und uns autonome Gedanken über wichtige gesellschaftliche Probleme und deren Lösungen machen? In einem Ihrer Vorträge sagten Sie, Sie seien erst vor kurzem, nach vielen Jahren wissenschaftlicher Tätigkeit, mit Ihren Erkenntnissen dort angekommen, wo Sie bereits mit 15, 16 Jahren gewesen waren. Wenn ein Sozialpsychologe sich so lange von den Mechanismen des Gesellschafssystems, in dem er lebt und forscht, vereinnahmen lässt, wie soll dann

ein Durchschnittsbürger sich sicher sein, dass seine Gedanken und Handlungen autonom sind?

Die Fähigkeit zu denken ist keine Frage der Schichtzugehörigkeit oder der formalen Bildung, denken können wir alle. Leider tendieren aber die meisten von uns stark dazu, die bequemere Variante einer möglichen Lösung zu wählen, uns also der Mühe des Denkens zu entziehen. Mein persönliches Beispiel ist gebunden an Karriere. Man macht seinen Weg in die Gesellschaft hinein und beginnt irgendwann so zu denken, wie es halt auf dem Karriereweg üblich ist oder wie es von einem erwartet wird. Ich wollte mit diesem Beispiel darauf aufmerksam machen, dass man in der Pubertät ein sehr klares Weltbild und konkrete Vorstellungen über Gut und Böse hat. Dieses kann zwar falsch sein, ist aber recht präzise und eindeutig. Zugleich ist der Mensch in diesem Alter, bedingt durch intensive Gehirnentwicklung, sehr intelligent und sieht die Wirklichkeit viel schärfer. Bei meiner Sicht der gesellschaftlichen Verhältnisse, wie z. B. die soziale Ungleichheit oder die räuberischen Formen des Kapitalismus, die sich in der Zwischenzeit entwickelt haben, stelle ich heute fest, dass die Welt eigentlich genau so ist, wie ich sie bereits als Jugendlicher gesehen habe. Daher glaube ich, dass es gut wäre, von der sophistischen, intellektuellen Ebene herunterzukommen und sich zu trauen zu sagen, so wie Kinder und Jugendliche es halt tun, dass die Welt ganz einfach ist. Einfach in dem Sinne, dass es Machtverhältnisse gibt, die einen Teil der Menschheit systematisch benachteiligen und andere systematisch bevorteilen.

Für Kant war Selbstdenken die Grundvoraussetzung der Aufklärung, verstanden als „Ausgang des Menschen aus seiner selbstverschuldeten Unmündigkeit". Ist diese Unmündigkeit tatsächlich selbstverschuldet? Wir können doch nie sicher sein, dass ein Kind, ein Jugendlicher und sogar ein Erwachsener nicht durch Sozialisation und andere in seiner Umwelt wirkende Mechanismen fremdgesteuert ist.

Diese Sicherheit wird man nie haben. Das womöglich sicherste Zeichen dafür wäre, wenn ich von anderen zu verstehen bekomme, dass ich mit meinen Überzeugungen etwas „daneben" sei. Die Menschen haben alle die grundsätzliche Fähigkeit, sich ihr eigenes Urteil zu bilden und es auch zu artikulieren, und Kant wollte mit seiner Idee der Aufklärung dazu ermutigen, von dieser Fähigkeit Gebrauch zu machen.

Wenn ich aber durch mein autonomes Denken von anderen für etwas „daneben" gehalten werde, wird sich in mir die Angst breitmachen, von ihnen ausgeschlossen zu werden. Kant sagt auch noch, dass die Unmündigkeit dann selbstverschuldet sei, wenn wir nicht aus Mangel an Fähigkeit nicht autonom handeln, sondern aus Angst. Die Angst vor sozialer Ausgrenzung ist aber eine starke Komponente unserer menschlichen Natur und kann nicht ignoriert und schon gar nicht jemandem vorgeworfen werden, der aus Angst nicht handelt.

Wir sind eine stark sozial orientierte Spezies, und darin liegt nicht nur die Gefahr der Angst vor Ausgrenzung, sondern auch etwas Positives. Kooperation und damit verbundene Konformität sind erstens sehr wahrscheinliche Verhaltensformen und zweitens in vielerlei Hinsicht auch wünschenswert. Es ist etwas Gutes, wenn wir Dinge gemeinsam tun, manche Verhaltensweisen wechselseitig anpassen können, Übereinstimmungen herstellen. Das spart häufig viel Zeit und gibt uns Orientierung. Autonomie und Konformität müssen sich nicht unbedingt und in jedem Fall ausschließen. Kant war kein Psychologe und hatte auch keine Ahnung von sozialen Bedingungen, Philosophen stellen sich den Menschen oft in einer idealen Weise vor. Daher wäre die Anforderung, permanent selbst zu denken, eine vollkommene Überforderung des Menschen. Wir brauchen diese Fähigkeit in ganz bestimmten Situationen, in denen es darauf ankommt, Unterscheidungsvermögen zu entwickeln und beurteilen zu können, wie wichtig die eigene Rolle ist.

Viele stellen sich die Frage „Was kann ich schon als Einzelner tun?" und meinen das eher rhetorisch oder sogar als Erklärung oder Rechtfertigung der eigenen Passivität. Warum sind die meisten Menschen in den hochentwickelten Gesellschaften trotzt des – wie Sie selbst oft betonen – recht hohen Bewusstseins passiv und unmündig? Es scheint, als würden die akuten Probleme, die uns tagtäglich in den Nachrichten vor Augen geführten werden, die meisten von uns kalt lassen.

Würde ich die in den Nachrichten gezeigten Probleme ernst nehmen, müsste ich möglichst bald mein Leben vollkommen verändern. Wenn wir die Tatsache, dass Hunderte Menschen auf der Flucht im Mittelmeer ertrinken, ernst nehmen würden, dann müssten wir nach unseren moralischen Vorstellungen tatsächlich etwas dagegen unternehmen, in diesem Fall diesen Menschen helfen, in ihren Herkunftsländern bessere und vor allem sichere Lebensverhältnisse zu schaffen, ihnen Asyl gewähren und bessere Integration ermöglichen. Kurz gesagt – wir müssten konkret etwas verändern. Die Veränderungen, die wir gewohnt sind, bestehen oft darin, dass wir, anstatt zu Hause zu bleiben, ins Kino gehen. Es würde uns sicherlich schwerfallen, ein Jahr lang aufs Kino zu verzichten und das Geld für andere Menschen zu spenden. Wirkliche Veränderungen würden das Aufgeben von Privilegien bedeuten, sich für das einzusetzen, was etwas kostet. Das ist aber gerade nicht leicht, weil niemand den einmal erreichten Lebensstandard gern aufgibt.

Der Neurobiologe und Psychiater Joachim Bauer zeigt in seinem Buch „Selbststeuerung", wie wichtig, aber gleichzeitig auch schwierig es ist, in einer von mentalen und materiellen Reizen überfluteten Welt eine autonome Persönlichkeit zu entwickeln. Wie ist es aus sozialpsychologischer Sicht möglich, in dieser konsumorientierten Welt jemanden zu einem mündigen und selbstdenkenden Menschen zu erziehen?

Die Fähigkeit zur Selbststeuerung muss erlernt werden, das Aufwachsen besteht hauptsächlich darin, dass man mit der Zeit immer mehr von dieser Fähigkeit erwirbt. Einige Kulturen unterstützen das im höheren Maße, andere befördern es nicht so intensiv. Wahrscheinlich haben wir im Moment eine Entwicklung, die kulturell sehr stark gegen die Förderung der Selbststeuerung operiert, u. a. deshalb, weil uns die meisten Entscheidungen abgenommen werden und wir weder selbst denken noch unser Leben selbst steuern sollen.

Dabei wäre doch unsere hochentwickelte und durch Freiheit des Einzelnen geprägte Gesellschaft, in der die Grundbedürfnisse aller weitgehend befriedigt sind, bestens dafür prädestiniert, einen mündigen und autonomen Menschen hervorzubringen. Warum lassen wir uns also zu einer Lebensweise verleiten, in der wir gewissermaßen freiwillig auf Selbstbestimmung verzichten und uns in Konformität und der von Ihnen als „Sofortness" genannten Lebensweise verlieren?

Die Menschen kriegen etwas Wichtiges dafür. Die gegenwärtige Form der Konsumgesellschaft bietet mir die sofortige Erfüllung beinahe aller Bedürfnisse. Diese Möglichkeit ist, im Gegensatz zum Aufschub der Bedürfnisbefriedigung, höchst attraktiv. Ich muss keinen Umweg gehen, kann auf die Vorfreude verzichten, muss nicht warten, bis ich mir etwas leisten kann. Diese Lebensweise hat auch die Sphäre des Politischen völlig verändert, weil wir auch von den Politikern erwarten, sie würden bestimmte Probleme möglichst sofort lösen. Es ist eine Art von Infantilisierung, vergleichbar mit der Lage eines Kindes, das unglücklich wird und zu schreien beginnt, sobald es ein Spielzeug oder einen Bonbon nicht sofort bekommen kann. Triebaufschub ist ein kulturelles Produkt und wird im Prozess des Aufwachsens erworben. Die heutige Gesellschaft befriedigt alle unsere Triebe sofort, es fehlt die Zwischenphase, die den Wunsch oder die Triebregung von der Erfüllung trennt. Dadurch verändern sich die Verhältnisse und auch das Selbstbild der Kinder und der späteren Erwachsenen. In früheren Generationen war diese oft recht lange Zwischenphase ein fester Bestandteil im Prozess der Wunschbefriedigung, außerdem konnten die Menschen auch damit leben, wenn ein bestimmtes Bedürfnis überhaupt nicht befriedigt wurde.

Aufklärung ermöglichte erst das selbständige Denken und trug damit u. a. zur technischen Entwicklung und Expansion bei. Expansion aber begünstigt wiederum den Hyperkonsum, der gewissermaßen das Selbstdenken teilweise untergräbt. Ein Widerspruch?

Es ist kein Widerspruch, diese Mechanismen hängen sogar miteinander sehr eng zusammen. Es sind zwei Arten von Expansion, die parallel verlaufen, und zwar in beiden Fällen als Expansion von Möglichkeiten des Individuums. Höhere Bildung und besseres wirtschaftliches Potenzial auf der einen Seite und gleichzeitig die Möglichkeit, Produkte und Dienstleistungen zu konsumieren.

Wenn aber die wirtschaftliche Expansion zu dem inneren Zwang führt, immer mehr konsumieren zu wollen oder müssen – wo bleibt da das aufgeklärte und autonome Individuum?

Es hängt alles davon ab, welche die jeweiligen dominierenden kulturellen und gesellschaftlichen Kräfte sind. Da in unserer Gesellschaft gerade die Wirtschaft das Primat hat und das wichtigste Ziel es ist, diese Sphäre möglichst gut funktionieren zu lassen, ordnen sich alle anderen Lebensbereiche diesem Bereich unter. Das führt u. a. dazu, dass auch das Bildungssystem dem Prinzip der Quantifizierung unterliegt und expansive Kategorien auch hier eine immer größere Rolle spielen. Diese Prinzipien durchziehen auch alle anderen Segmente der Gesellschaft und prägen somit auch die Vorstellung, wie die Idee der Aufklärung zu verstehen ist.

Brauchen wir also eine neue Definition der Aufklärung?

Das glaube ich schon, die alte Idee der Aufklärung war um die Na-
turverhältnisse nicht besorgt, damals war sich der Mensch seines
großen Potenzials nicht bewusst, die Natur und seine Umwelt so
stark beeinflussen zu können. Ich versuche in meinen Büchern zu
zeigen, dass wir einerseits anerkennen müssen, welch ein hohes
zivilisatorisches Niveau wir dank der kapitalistischen Wirtschafts-
weise erreicht haben. Gleichzeitig aber müssen wir uns bewusst
werden, dass wir diesen Weg nicht fortsetzen können. Die neue
Aufklärung müsste also die Frage beinhalten: Wie bewahren wir
das heutige immaterielle Level bei gleichzeitiger Entwicklung
neuer Formen des Stoffwechsels? Das ist eine sehr große Aufgabe
für die Menschheit, von der aber im Moment niemand weiß, wie
sie zu lösen ist.

**Francis Fukuyama meinte 1992 mit dem Begriff „Das Ende
der Geschichte" den Zusammenbruch der bipolaren Weltordnung im Jahre 1989 und den Triumph des einen einzigen
Gesellschafts- und Wirtschaftssystems. Sie dagegen behaupten, dass 1989 der Abstieg des Westens begonnen hat.
Wie müsste also ein neues, zukunftsversprechendes Gesell-
schaftsmodell aussehen?**

Es müsste ein Modell sein, das die soziale Frage als eine gesellschaftliche Aufgabe wieder viel stärker ins Zentrum des politischen Handelns rückt. Im 21. Jahrhundert wird das aber nur dann
möglich sein, wenn man diese Frage auch mit dem ökologischen
Aspekt verbindet. Da aber das zentrale bewegende Motiv unserer
Gesellschaftsordnung das genaue Gegenteil ist, nämlich Wachs-
tumswirtschaft, stehen wir vor einem ernsthaften gesellschaftlichen Konflikt. Im Moment ist der wirtschaftliche Aspekt erheblich
mächtiger und wird viel stärker favorisiert, während die Gegensei-
te – wenn man es positiv formulieren möchte – eine kleine, wenig
machtvolle, erst im Werden begriffene Bewegung ist.

**Sie schreiben auch, dass die allgegenwärtigen, unseren
Planeten plagenden Krisen in Wirklichkeit Verwandlungs-**

prozesse sind. Wie kann ein politisches und gesellschaftliches Gespür dafür entwickelt werden, dass diese Krisen als Folgen globaler Missstände und Veränderungen gesehen werden und dass dann auch nach entsprechenden globalen Lösungen gesucht wird?

Das Geheimnis des politischen Bewusstseins steckt in dem Sichtbarmachen der Zusammenhänge. In diesem Sinne leben wir in einer unpolitischen Zeit, wir betrachten die einzelnen Probleme immer nur segmentär und versuchen, sie nacheinander zu lösen, in der Annahme, sie hätten nichts miteinander zu tun. Die Flüchtlingsproblematik z. B. hat uns sehr deutlich gezeigt, dass dem nicht so ist und dass alle Teilprobleme aufs Engste miteinander verbunden sind. Soziologen und Historikern ist diese Tatsache schon immer bewusst gewesen, aber unsere Gesellschaft kann natürlich nur dann gemütlich weiterexistieren, wenn diese Zusammenhänge für die breite Öffentlichkeit nicht klar sind oder unsichtbar bleiben. Die zentrale Aufgabe der Politik des 21. Jahrhunderts besteht daher darin, diese Zusammenhänge zu thematisieren. Wenn wir die Lage ernsthaft verändern wollen, dann wird es nicht ausreichen, immer wieder neue Vorschläge zu machen und zu glauben, sie würden in jedem Fall zu einer Win-win-Situation führen, sondern wir müssen uns damit abfinden, dass es Konflikte geben wird, die z. B. sehr stark mit der Verteilungsproblematik zusammenhängen.

Kann das Sichtbarmachen der Zusammenhänge alleine die Aufgabe der Politik sein? Kann die Politik die Macht der „smarten Diktatur" der Wirtschaft überwinden, die das Selbstdenken des Einzelnen beeinflusst oder gar ausschaltet, wie Sie das sehr detailliert in Ihrem Buch „Die smarte Diktatur" beschreiben?

Die Menschen müssen sich organisieren, um gemeinsam gegen diktatorische Strukturen vorzugehen, es ist auch in der Vergangenheit nie anders gewesen. In totalitären Systemen beginnen Menschen irgendwann, wenn die Lage unausweichlich wird, sich zu organisieren, um Veränderungen zu schaffen. Die Solidarność-Bewegung in Polen ist ein gutes Beispiel dafür. Ein anderes Beispiel ist der erbärmliche Zustand in der EU, dass 500 Millionen Menschen behaupten, sie könnten nicht eine Million Hilfesuchender zusätzlich aufnehmen, und deshalb eine radikale Abschottungspolitik beschließen. Es ist eine absurde Situation, in der man sich organisieren und etwas dagegen unternehmen muss, in der man entschieden sagen muss: „Das ist nicht unser Europa, das ist nicht unser Land." Ob dieser Weg erfolgversprechend ist, wissen wir natürlich nicht, wir haben aber keine andere Möglichkeit.

Unsere reiche westliche Gesellschaft bewegt sich hauptsächlich auf der – wie Sie das nennen – glänzenden Wirklichkeitsoberfläche, wir leben, verglichen mit dem Rest der Weltbevölkerung, in einem materiellen Paradies. Was werden wir tun, wenn die Armen dieser Welt zu uns kommen und ihr Recht auf besseres Leben einfordern und den Glanz unserer Wirklichkeit in Gefahr bringen?

Sie kommen jetzt schon zu uns und sie führen uns vor Augen, dass es auf dieser Welt tatsächlich Menschen gibt, die nichts haben. Das alleine ist schon ein gewaltiges Problem. Außerdem zeigen sie uns, dass man in einer ausweglosen Lage sich auf den Weg machen und dorthin gehen kann, wo es einem besser geht, was z. B. für einen Deutschen auch nicht unbedingt selbstverständlich ist. Zudem machen sie uns als Kriegsflüchtlinge bewusst, dass es auf dieser Erde Kriege gibt und dass dieser Umstand etwas mit dem Handeln des Westens und dem ungleichen Zugang zu fossilen Ressourcen zu tun hat. Solange diese Menschen nicht so zahlreich zu uns kamen, konnten wir immer behaupten, die Probleme seien da draußen und erreichen uns lediglich in Gestalt von Nachrichtensendungen. Sobald sie aber bei uns auftauchen, wollen wir von den Problemen nichts wissen und ersinnen Strategien, die uns erlauben, unser Status quo beizubehalten.

Sie betonen oft, dass in den entwickelten Gesellschaften das Bewusstsein um die Gefahren und Probleme der Gegenwart groß genug sei, es fehle aber an der Bereitschaft, es umzusetzen. Wie kann man diese Bereitschaft fördern und verstärken?

Die Bereitschaft ist nicht so gering, wie es vielleicht scheinen mag, es gibt schon einzelne Menschen oder Gruppen, die es anders machen und mit ihrem Beispiel neue Erfahrungsräume schaffen, in denen mehrere Handlungsmöglichkeiten sichtbar werden. Das reine Wissen um die Ernsthaftigkeit der Lage bewegt die Menschen nicht zum Handeln, es muss in erster Linie die eigene Erfahrung sein, die uns zeigt, dass man es auch anders machen kann und dass das Handeln eine positive Wirkung entfaltet. Unsere Gesellschaft liefert aber Angebote, die uns glauben lassen, dass die momentane Lage ein unheimlich positiver Zustand ist. Daher ist es auch nicht einfach, diese Angebote zurückzuweisen. Wer das tut, wird von den anderen als „seltsam" angesehen, womit wir wieder zu der Frage zurückkehren, wie viel Aufwand man zu leisten bereit ist, um von der bestehenden Ordnung abzuweichen. Und dieser Aufwand ist immer größer, als wenn man sich an das jeweilige System anpasst.

Dieser Aufwand ist aber auch an unsere persönliche Lage gekoppelt. Ein Familienvater mit einem festen Job und finanziellen Verpflichtungen wird es schwerer haben, sich umzustellen, als ein junger, umweltbewusster Student, dessen Entscheidungen ausschließlich sein eigenes Leben betreffen. Ein durch gesellschaftliche und familiäre Verflechtungen bestimmtes Leben führt oft zu widersprüchlichen Empfindungen und macht es uns nicht leicht, konkrete Schritte zu unternehmen ...

Die Welt, in der wir leben, ist eine Mischung aus objektiven Problemen und Widersprüchen, und in einer solchen Welt ist es nicht möglich, sich völlig widerspruchsfrei zu verhalten. Eine mönchische Haltung, in der man sich selbst unter Druck setzt, alles richtig zu machen, ist in einer Gesellschaft, in der vieles falsch ist, nicht durchzuhalten. Das zu versuchen, könnte zu Krankheit, Depression oder Aggressivität, z. B. in Form von Terrorismus, führen. Es gibt natürlich keinen Grund, unter den eigenen Möglichkeiten zu bleiben, das heißt aber nicht im Umkehrschluss, man sollte sich gänzlich allen Spaß- und Genussgelegenheiten, die uns angeboten werden, verweigern.

Wie vermitteln Sie als Wissenschaftler Ihrem Leser den Ernst der Lage, ohne dass es als Besserwisserei und Angriff auf seine Lebensgewohnheiten aufgenommen wird?

Es hängt letztendlich nicht von mir ab, wie meine Bücher aufgenommen werden. Von der Form her sind die beiden Bücher „Selbst denken" und „Die smarte Diktatur" keine sich aufbauende Argumentationskette, sondern eher wie eine Montage, in der unterschiedliche Argumentationspositionen vorgestellt werden – mal autobiografisch, mal wissenschaftlich, dann wieder etwas weniger ernst oder in Form eines Fragebogens. Dadurch möchte ich den Leser dazu motivieren, sich dem jeweiligen Sachverhalt zu stellen und eigene Position zu beziehen. Es ist nicht mein Anliegen, mit einem Buch die Welt zu erklären, sondern ich möchte den Leser dazu animieren, selbst nach Erklärungsmodellen zu suchen.

In Ihrem Buch „Die smarte Diktatur" behaupten Sie, dass durch Digitalisierung und allgegenwärtige Vernetzung die Möglichkeiten, eigene Entscheidungen zu treffen, immer weiter schwinden.

Darin liegt der Eingang in die selbstverschuldete Unmündigkeit. Hier z. B. könnte man doch den ersten Schritt machen und sich dafür entscheiden, nicht alles mitzumachen.

Wie bewegt man aber möglichst viele Menschen dazu, ihr Verhalten zu ändern? Die große Nachhaltigkeitsdiskussion in der Öffentlichkeit führt keineswegs zu geringerem Konsum und umweltfreundlicherem Verhalten. Das Konsumverhalten der Deutschen ist im Jahr 2018 um 2,6 Prozent gestiegen, und der Stromverbrauch in der BRD nimmt trotz ständiger Entwicklung neuer nachhaltiger Technologien jedes Jahr zu. Ist die „grüne Revolution" eine große Augenwischerei?

Nein, es liegt an dem expansiven Charakter unseres Wirtschaftssystems. In einem solchen System führen Optimierungen, Einsparmaßnahmen oder Effizienzerhöhung in bestimmten Teilbereichen eigentlich nur dazu, dass andere Bereiche noch mehr expandieren können. Daher ist die Folge der Weiterentwicklung von erneuerbaren Energien, dass noch mehr Energie verbraucht wird. Solange das System selbst expansiv bleibt, werden solche Neuerungen als ein weiteres Angebot wahrgenommen, und die wirklichen Verhältnisse werden so weit wie möglich unsichtbar gemacht mit derart sinnlosen Begriffen wie „grünes Wachstum" oder „grüne Ökonomie".

Wie sehen Sie also die Zukunft unserer Gesellschaft? Werden die heutige und die künftigen Generationen sich völlig der „smarten Diktatur" der digitalen Welt ergeben? Brauchen wir einen neuen Menschen, der ein tiefes Bewusstsein für die Probleme unserer Welt mit der Fähigkeit verbinden würde, entsprechend diesem Wissen zu handeln?

Ich glaube, wir brauchen keinen neuen Menschen. Wir können mit den Menschen weitermachen, die heute in den freien, rechtsstaatlichen Gesellschaften leben und die in der Mehrzahl das Potenzial haben, richtig zu handeln. Ich zeichne in meinen Überlegungen kein schwarz-weißes Bild, sondern versuche dialektisch die momentane Lage zu beschreiben. Die jungen Menschen von heute sind hochintelligent und besitzen Fähigkeiten, die unsere Generation nicht in dieser Form gehabt hatte – sie können sich gut ausdrücken, angstfrei ihre Anliegen und ihre Meinung zur Sprache bringen, und das trotz des Internetuniversums, in dem sie existieren. Wir haben z. B. eine starke gesellschaftliche Bewegung, die viel Wert auf Authentizität legt – man will wissen, wo der Kaffee herkommt, aus welchen Rohstoffen die Möbel hergestellt wurden usw. – und die eine Gegenentwicklung zu der um sich greifenden Künstlichkeit darstellt. Die Frage ist also, welche dieser dialektischen Bilder können wir nutzen, um daraus politisch fruchtbare Folgen herbeizuführen.

Michael Schmidt-Salomon versucht in seinem Buch „Hoffnung Mensch" zu zeigen, dass wir sehr wohl dazu fähig sind, eine wertvolle, menschenwürdige Zukunft für alle zu errichten. Sehen Sie die Zukunft der Menschheit ebenso optimistisch?

Ich schöpfe die Hoffnung für unsere Zukunft daraus, dass die 200 000 Jahre menschlicher Geschichte bisher recht erfolgreich verlaufen sind. Die Freiheit und die Sicherheit des Einzelnen haben sich im Verlauf dieser Geschichte kontinuierlich erhöht. Dieser Prozess weist natürlich starke Brüche und Rückentwicklungen auf, ich halte aber den momentan erreichten Zustand für gut, und es lohnt sich, dafür zu kämpfen, dass er erhalten bleibt.

Ein Teil des Buches „Die smarte Diktatur" besteht aus – mehr oder weniger ernst gemeinten – Fragebögen, die der Leser für sich beantworten kann. Darin lautet eine der Fragen: „Glauben Sie an das Leben vor dem Tod?" Glauben Sie persönlich daran?

An das Leben vor dem Tod auf jeden Fall.

Wenn diese Frage mit „Leben" ein richtiges, erfülltes Leben meint, dann wäre Selbstdenken vielleicht die wichtigste Voraussetzung, um ein solches Leben zu führen ...

Ein neues Menschenbild?

Wolf Singer

. . . .

Herr Singer, welche waren die wichtigsten Forschungsfelder der Neurobiologie in Deutschland in den letzten beinahe zwanzig Jahren, seit dem Erscheinen Ihres Buches „Ein neues Menschenbild?"?

Die Gehirnforschung in Deutschland deckt, genauso wie in allen anderen Ländern, alle Bereiche ab – von der Genetik über die Molekularbiologie, Systemphysiologie bis hin zu Studien an Patienten und nichtinvasiven Untersuchungen an gesunden Probanden.

Sie haben oft den Unterschied betont zwischen der Erste-Person-Perspektive, also dem subjektiven Erleben, und der Dritte-Person-Perspektive, d. h. dem, was die Wissenschaft über das Erlebte aussagen kann. Ist das ein spezielles Forschungsgebiet der Neurobiologie?

Bei dieser doppelten Betrachtung handelt es sich um eine generelle Frage. Bis zum Einsetzen der Neurobiologie basierte alles, was die Menschen über das Gehirn zu wissen glaubten, auf der Introspektion, also auf der Erfahrung aus der Erste-Person-Perspektive: wie man sich fühlt, wie man wahrnimmt, wie man urteilt und entscheidet. Die daraus entstandenen Theorien lassen sich in allen Philosophiebüchern nachlesen und haben sich seit der Antike wenig verändert. Es gab immer wieder gewisse Pendelausschläge – mal hat man gedacht, der Mensch sei eine Maschine, mal hat man ihn für ein geistiges Wesen gehalten, und es gab eine klare Trennung zwischen Leib und Seele. Die Neurobiologie geht heute von einem völlig anderen Ansatz aus: Sie guckt sich das

Substrat an und kommt immer mehr zu dem Schluss, dass alles, was uns ausmacht, also unsere mentalen und geistigen Funktionen, einschließlich aller psychischen Phänomene, auf neuronalen Prozessen beruht. Wir können heute vieles aus der Kenntnis der neuronalen Zusammenhänge erklären, und das ermutigt uns zu der Aussage, dass auch die geistigen und mentalen Prozesse und Funktionen auf neuronalen Vorgängen beruhen. Wir sehen, dass das Verhalten von Tieren mit sehr einfachen Nervensystemen vollständig aus den Funktionen der Nervenzellen und deren Vernetzungen erklärt werden kann und dass auf dem Weg zum Menschen keine ontologischen Sprünge stattfinden. Der Mensch besitzt lediglich mehr vom Gleichen – wir haben die gleichen Nervenzellen, die nach den gleichen Prinzipien miteinander verschaltet sind, nur dass bei uns alles unendlich viel komplexer ist. Dadurch entstehen neue Leistungen, die dann den eigentlichen Unterschied z. B. zwischen nichtmenschlichen Primaten und Menschen ausmachen. Es sind aber keine ontologischen Unterschiede, sondern die der Komplexität und der Quantität. Und weil unsere Gehirne komplexer sind, sind wir in der Lage, kognitive Leistungen zu erbringen, zu denen die Tiere nicht fähig sind. Leistungen, die uns erlaubt haben, Kultur zu entwickeln, also den Prozess der kulturellen Evolution in Gang zu setzen.

In der Wissenschaft gab es seit jeher eine strenge Trennung zwischen Natur- und Geisteswissenschaften. Sie haben vor fast zwanzig Jahren noch geschrieben, dass die Kulturwissenschaften sich nicht gern über die Ergebnisse der Gehirnforschung äußern würden. Hat sich in dieser Hinsicht etwas verändert?

Auf jeden Fall, es entwickelt sich ein Dialog mit den Philosophen und mit den juristischen Fakultäten. Es wird inzwischen über die Fragen der Verantwortlichkeit, der Entscheidungsfreiheit oder der Bedingtheit von Verhalten diskutiert. Hier weichen eindeutig Grenzlinien auf, obwohl die Betrachtungsweisen immer noch sehr unterschiedlich sind. Ein Soziologe, der ein Gesellschaftssystem betrachtet, oder ein Germanist, der in der Literaturgeschichte die ästhetischen Kriterien herausarbeitet, muss nicht immer gleichzeitig die Gehirnforschung mitdenken. Es gibt aber viele Bereiche, in denen wir uns berühren, und der Dialog beginnt langsam sich zu entwickeln. Die Abgrenzungsbedenken, die es anfänglich gab, ebben allmählich ab.

Es findet also eine Annäherung der verschiedenen Wissensdisziplinen statt?

Es gibt sicher mehr Geistes- und Kulturwissenschaftler, die sich jetzt für Gehirnforschung interessieren. Die Aussagen der Neurobiologen haben sich in den letzten 15 Jahren unwesentlich verändert, der Fortschritt ist langsam, und die prinzipielle Haltung der Hirnforschung hinsichtlich der neuronalen Bedingtheit von psychischen Funktionen hat sich natürlich gar nicht geändert.

In dem Buch „Das neue Menschenbild?" behaupten einige Kulturforscher, die Einheit des Wissens sei gar nicht möglich, die beiden Betrachtungsperspektiven würden sich niemals treffen. Zeichnet sich möglicherweise nicht dennoch eine Entwicklung ab, die auf die Entstehung einer Metasprache und einer neuen übergeordneten Wissenschaft hindeuten könnte?

Es entwickeln sich enorm viele Subdisziplinen, die mit dem Präfix „Neuro-" versehen sind – Neuroökonomie, Neuroästhetik und viele mehr, es sind aber keine neuen Wissensdisziplinen. Wir finden neue Beschreibungssysteme, die aus den Kultur- und Geisteswissenschaften übernommen worden sind, und wir versuchen, sie in unsere Sprache zu übersetzen, umgekehrt passiert es natürlich auch. Es werden daraus sicherlich neue Metatheorien entstehen und es gibt keinen ersichtlichen Grund, warum diese beiden Betrachtungsweisen des Lebendigen unvereinbar sein sollten.

Das behaupten Sie, ein Wissenschaftler, der sehr offen dieser Entwicklung gegenübersteht. Viele Geisteswissenschaftler scheinen aber eine regelrechte Angst vor dieser Annäherung und vor der Einheit des Wissens zu haben. Sind die Veränderungen der letzten Jahre wirklich spürbar?

Es wird sicherlich personenabhängig sein. Es gibt Forscher, die der Meinung sind, diese Welten würden sich niemals berühren, andere wiederum sind da viel offener. Insgesamt aber glaube ich, dass wir uns in einem Annäherungsprozess befinden. Vor 25 Jahren hatten wir angenommen, dass neuronale Grundlagen des Bewusstseins sich grundsätzlich nicht erforschen lassen. Inzwischen ist das ein lebendiges Forschungsfeld mit Kongressen, an denen tausende Wissenschaftler teilnehmen.

Wie viel kann die Neurowissenschaft über die Grundlagen des Bewusstseins sagen? Sind wir in den letzten Jahren dem Verständnis dieses Phänomens näher gekommen? Was macht das Bewusstsein aus?

Die Fortschritte sind nach wie vor langsam, und es gibt diesbezüglich keine einheitliche Interpretation. Was einigermaßen sicher zu sein scheint, ist die Erkenntnis, dass es kein spezifisches Areal gibt, das aktiveiert werden muss, damit man bewusst sein kann. Es handelt sich vielmehr um einen Systemzustand, der ein koordiniertes Zusammenspiel von vielen Prozessoren erfordert. Wenn eins dieser Module ausfällt, dann fehlt ein bestimmter Inhalt von Bewusstsein. Wenn z. B. das Sehzentrum beschädigt wird, dann kann man keine visuellen Inhalte mehr bewusst wahrnehmen, aber das Bewusstsein an sich würde nicht verloren gehen. Bewusstsein wird immer mehr als ein besonderer dynamischer Zustand des Gehirns betrachtet, der dann eintritt, wenn das Gehirn wach und aufmerksam ist, und der zusammenbricht, wenn das Gehirn komatös wird oder in den Tiefschlaf verfällt. Wobei man heute dank bildgebender Verfahren lernt, dass in besonderen Fällen Patienten, bei denen man früher annahm, sie hätten aufgrund eines vegetativen Zustands überhaupt kein Bewusstsein mehr, gelegentlich in der Lage sind, sensorische Reize zu verarbeiten, zu dekodieren und zu verstehen, sie können sie lediglich nicht beantworten. Deshalb hatte man früher gedacht, dass diese Menschen nicht bewusst sind. Es ändern sich also langsam die Zugänge, aber es gibt immer noch keine einheitliche Theorie über die Grundlagen des Bewusstseins.

Es kann also von keinem sprunghaften Fortschritt in diesem Bereich in den letzten 15 Jahren die Rede sein?

Auf diesem Forschungsfeld wird grundsätzlich so etwas nicht passieren. Das Fortschreiten bei einer derart komplexen Wissenschaft ist inkremental, es entwickelt sich langsam, es tauchen zwar neue Einsichten auf, aber die ganz großen Durchbrüche sind hier nicht zu erwarten.

So ist also auch nicht zu erwarten, dass in der nahen Zukunft eine künstliche Intelligenz entwickelt wird, die sich ihrer selbst bewusst ist und sich selbst weiterentwickelt?

Darüber denken wir im Augenblick überhaupt nicht nach. Die künstlichen Systeme, die wir zurzeit kennen, sind doch alle in einem erstaunlichen Maße primitiv und dem, was im Gehirn passiert, sehr unähnlich.

Im Zusammenhang mit den Neurowissenschaften taucht recht oft die Frage nach Freiheit auf. Sie selbst sagen, dass der Begriff der Freiheit mit den Erkenntnissen der Gehirnforschung unvereinbar sei.

In diesem Zusammengang ist vieles in den Medien sehr missverständlich wiedergegeben worden. Es ist ein sehr kompliziertes Thema. Das Argument, das diesen Überlegungen zugrunde liegt, ist einfach: Wenn zutrifft, das aus den oben genannten Gründen alle unsere mentalen und psychischen Leistungen die Folge von

Hirnprozessen sind, und wenn weiterhin zutrifft, dass die Gehirnprozesse den Naturgesetzen gehorchen, dass also das Kausalprinzip gilt, dann muss der je nächste Zustand eines Gehirns die notwendige Folge des unmittelbar vorausgegangenen Zustands sein. In ganz seltenen Fällen, wenn zwei Folgezustände völlig gleich wahrscheinlich sein sollten, was wirklich sehr selten vorkommen wird, kann möglicherweise der Zufall oder ein thermisches Rauschen dafür verantwortlich sein, dass das Gehirn den Zustand A und nicht B annimmt. In der Regel wird es nicht der Fall sein, das Gehirn muss nämlich verlässlich funktionieren. Beim Anblick eines Tigers muss man davonlaufen und nicht zufällig stehen bleiben. Ein Wesen mit solch einem „Zufallsgehirn" würde aussterben. Das Gehirn muss regelhaft funktionieren. Jede in diesem Augenblick getroffene Entscheidung ist die notwendige Folge all der Faktoren, die das Gehirn unmittelbar vor dieser Entscheidung beeinflusst haben. Dazu gehört die Geschichte dieses Gehirns, die genetische Ausstattung, nach der es verschaltet ist, es sind die im Augenblick aktiven Muster, die die Bedürfnisse des ganzen Körpers widerspiegeln, es sind die bereits vorgebrachten Argumente – kurzum alles, was auf den Menschen gerade einströmt, wird beim Treffen einer Entscheidung in einen Zustand überführt, der diese Entscheidung darstellt. Viele der einwirkenden Einflüsse sind dem Menschen nicht bewusst, ein kleiner Teil davon wird in den bewussten Bereich gehoben, und dann folgt eine Handlung. Das, was der Mensch dann getan hat, hat er in diesem Moment tun müssen, einen Augenblick später hätte er es wahrscheinlich anders gemacht. Mehr ist diese Aussage nicht wert. Sie bedeutet lediglich, dass es keine vom Gehirn unabhängige Instanz gibt – eine immaterielle Psyche, Seele oder Ähnliches –, die an moralischen Kriterien ausgerichtete Entscheidungen trifft und auf die Gehirnfunktionen derart einwirkt, dass der betreffende Mensch dann das tut, was der Wille will. Es ist eben umgekehrt – der Wille entsteht aus den Prozessen im Gehirn und die unterliegen den Naturgesetzen.

Wir befinden uns aber immer in der Erste-Person-Perspektive und fühlen uns frei. Wir tun etwas und behaupten anschließend, dass wir es aus einem bestimmten Grund getan haben. Wir schreiben unseren Handlungen konkrete Gründe zu.

Die Gründe mögen in vielen Fällen zutreffend sein. Wenn die jeweilige Entscheidung ausschließlich von Variablen abhängt, die uns bewusst sind, dann können wir lückenlos Rechenschaft darüber ablegen, warum wir etwas getan haben. Aber in aller Regel werden auch unzählige Faktoren mitspielen, die wir nicht im Bewusstsein haben, weshalb wir nicht wissen können, warum wir gerade so und nicht anders gehandelt haben. Wir meinen, dass wir alle Variablen zu Verfügung gehabt hätten und uns deshalb bewusst entschieden haben. Aber man kann zeigen, dass das in der Regel nicht der Fall ist, sondern dass auch noch andere Gründe vorhanden sind, die dem Handelnden nicht bewusst waren. Trotzdem ist er natürlich für sein Handeln verantwortlich, denn er hat es ja schließlich entschieden, er hat ja selbst gehandelt oder eine Tat begangen. Die Begründungen, die jemand für seine getane Aktion liefert, müssen also nicht immer die zutreffenden sein, das kann man experimentell belegen. Wenn ich jemandem eine Handlungsanleitung zuspiele, die unbewusst wahrgenommen wird, wird er diese Handlung ausführen, ohne die wahren Gründe zu kennen. Wenn man ihn dann danach fragt, wird er sicherlich eine Begründung liefern, es wird aber nicht die sein, die der eigentliche Auslöser der Handlung war. Wie z. B. im Fall einer Patientin, deren Lachzentrum im Gehirn mit elektrischen Impulsen gereizt wurde und die daraufhin über die gewöhnlichsten und keineswegs komischen Situationen und Gegenstände aus ihrem Umfeld gelacht hat.

Es würde heißen, dass ich nichts dafür kann, dass ich Sie hier aufsuche, um Ihnen genau diese Fragen zu stellen. Aus irgendeinem von mir „erfundenen" Grund erscheint es mir

wichtig, die Ergebnisse der deutschen Gehirnforschung zu erkunden und sie bekannt zu machen.

In dem Fall wissen Sie ja die Gründe. Es kann aber auch sein, dass unbewusste Motive den Menschen zu einer Handlung verleiten, von der er weiß, dass sie moralisch nicht gerechtfertigt ist, dann wird er sich Gründe zurechtlegen, um die Tat vor sich selbst zu rechtfertigen. Jemand anders wird aber möglicherweise wissen, dass der Handelnde sich diese Gründe zurechtgeredet hat. Sehr oft kann man die wahren Gründe einer Handlung gar nicht eruieren, auch nicht aus der Dritte-Person-Perspektive.

Wenn es Freiheit in diesem Sinne gar nicht gibt, dann ergeben sich daraus bestimmte Folgen für unseren Alltag – in der Erziehung, bei der Rechtsprechung, im gesellschaftlichen Zusammenleben.

Es ergeben sich sicherlich Folgen für das Verständnis von Fehlverhalten. Es ändert aber nichts daran, dass man die Person, die entschieden und gehandelt hat, für diese konkrete Handlung zur Rechenschaft zieht, sie ist ja als Person nach wie vor dafür verantwortlich. Warum sie dies oder jenes getan hat, das ist eine andere Frage. Es kann bestimmte genetische Faktoren geben, die das Gehirn so ausgelegt haben, dass es sich nicht nach festgelegten Regeln richten kann bzw. mag, oder die Erziehung hat nicht richtig funktioniert, sodass infolgedessen die Handlungsanweisungen und die moralischen Kategorien nicht richtig eingespeichert worden sind. Es kann auch sein, dass die Warnsysteme fehlerhaft oder zu schwach ausgebildet sind und ein Mensch, der eigentlich weiß, dass er etwas nicht tun sollte, seine Triebe nicht unterdrücken kann. Das würden wir aber weder unter dem Mikroskop noch mittels eines anderen heute verfügbaren Verfahrens sehen. Es kann natürlich auch sein, dass sich im Bereich der entsprechenden Nervenbahnen ein Tumor befindet, der ihre Funktion beeinträchtigt und es deshalb zu einem Fehlverhalten des Menschen kommen kann.

In einem solchen Fall wird heutzutage aber festgestellt, dieser Mensch sei unzurechnungsfähig und könne für seine Tat nicht im herkömmlichen Sinne verantwortlich gemacht werden.

Darin liegt das Problem. Denn in Fällen, bei denen kein Tumor gefunden wird, weiß der Neurobiologe trotzdem, dass in dem Gehirn eines sich auffällig verhaltenden Menschen etwas „anders" sein muss als bei denjenigen, die dieses Verhalten nicht an den Tag legen. Wir können im Moment nur einen Teil der neurobiologischen Ursachen falschen Handelns sichtbar machen, und das ist das Problem, mit dem wir zurzeit zu kämpfen haben. Wenn man sich schon dazu bekennt, dass ein Tumor im Gehirn ein Fehlverhalten erzeugen kann, dann muss man sich auch fragen, wie geht man mit den Fällen von Fehlverhalten um, bei denen kein Tumor im Gehirn vorhanden ist. Es kann nämlich andere Ursachen des Verhaltens geben, die wir mit unseren Untersuchungsmethoden nicht entdecken können. Die Juristen haben dieses Problem bereits erkannt und setzen sich damit auch auseinander.

Müsste die Gesellschaft jetzt mit den Tätern anders umgehen? D. h. wir hätten nach wie vor das Recht, uns vor den sogenannten „bösen" Taten zu schützen, müssten aber diese Menschen anders behandeln, also sie nicht verurteilen und als böse abstempeln?

Es wird auch zunehmend so gehandhabt. Wir nehmen uns das Recht, uns zu schützen und zu erziehen, z. B. durch Abschreckung mittels Bestrafung. Deshalb erziehen, wir ja auch unsere Kinder, denen wir zunächst die Verantwortung für ihre Taten absprechen, weil sie deren Tragweite noch nicht überschauen können. Wir sprechen den Kindern die Freiheit der Entscheidung ab, und trotzdem erziehen wir sie, indem wir sie für gute Taten belohnen und ihr Fehlverhalten bestrafen. Dadurch wollen wir unsere Gesellschaftsnormen schützen. Diese Prinzipien werden auf jeden

Fall erhalten bleiben; es wird sich lediglich die Beurteilung von Fehlverhalten ändern.

Dank dieser Veränderung würde aber unser Umgang miteinander wesentlich humaner werden. In seinem Buch „Jenseits von Gut und Böse" bezieht sich der deutsche Philosoph Michael Schmidt-Salomon sehr oft auf Ihre Aussagen und auf neurobiologische Erkenntnisse. Er zitiert dort Ihre These „Keiner kann anders, als er ist".

Man beurteilt im Grunde die Normabweichung eines bestimmten Gehirns. Wenn wir zu dem Schluss kommen, dass jeder Mensch unter den gegebenen Bedingungen genauso gehandelt hätte, dann werden wir mildernde Umstände aussprechen müssen. Wenn wir aber feststellen, dass unter den gleichen Umständen jemand anderes diese Tat keineswegs begangen hätte, dann weicht der Täter so weit von der Normalverteilung der Handlungsdisposition ab, dass sein Verhalten stärker sanktioniert werden muss. Bei der juristischen Würdigung eines Verhaltens geht es nicht nur darum, das Maß an subjektiver Schuld herauszufinden, sondern auch darum, die Tatfolgen in die Beurteilung mit einzubeziehen. Es ist ein Unterschied, ob ein Rotlichtfahrer nur gegen die Verkehrsordnung verstößt und dabei niemanden schädigt oder ob er dabei auch noch einen schweren Unfall verursacht, bei dem möglicherweise jemand verletzt oder gar getötet wird. In beiden Fällen wird das Strafmaß unterschiedlich ausfallen, obwohl die Übertretung jeweils die gleiche war.

Es geht also im Wesentlichen darum, das Verhalten des anderen besser zu verstehen. Ist die sogenannte Theorie des Geistes (engl. theory of mind) ein mögliches wissenschaftliches Werkzeug, das uns diesem Ziel näherbringt?

Diese Theorie meint die Fähigkeit, sich vorzustellen, was im Kopf eines anderen Menschen vor sich geht, wenn er sich in einer bestimmten Situation befindet, ohne dass uns der Betreffende über

Mimik, Gestik oder Sprache mitteilt, wie er sich gerade fühlt. Einige Tiere besitzen diese Fähigkeit nur ansatzweise, wir Menschen beherrschen sie ab dem dritten bis vierten Lebensjahr sehr gut.

Auf der Mensch-zu-Mensch-Ebene wird es wahrscheinlich niemals möglich sein, sich in die Gefühlswelt des Gegenübers zu versetzen. Wird man irgendwann mit den neurobiologischen Werkzeugen zeigen können, dass meine Vorstellung über die Gefühle eines anderen richtig sind?

Objektiv festzustellen, was in dem Gehirn eines anderen passiert, wird immer schwierig bleiben, weil jedes Gehirn aufgrund der genetischen Ausstattung und der persönlichen Erfahrung anders ausgebildet ist, sodass das messbare Aktivitätsmuster, das einer bestimmten Befindlichkeit zugeschrieben wird, bei jedem anders aussehen wird. Es wäre denkbar, dass man bei einem Menschen das Aktivitätsmuster einer konkreten Gefühlslage aufzeichnet und dann vergleicht, ob das gleiche Muster sich einstellt, wenn die gleiche Person in die gleiche oder eine ähnliche Lage gebracht wird. Dieses lässt sich aber nicht von einer Person auf eine andere übertragen.

Werden wir in der fernen Zukunft dank hoch entwickelter Empathie möglicherweise einander besser verstehen, und wird uns die Neurobiologie dabei helfen, ein besseres Verständnis für das Verhalten anderer zu entwickeln?

Die oben genannten Messungen der Gehirnaktivitäten würden lediglich helfen, das Verhalten zu erklären und nicht die Empathie oder die Theorie des Geistes. Ob das zu einem humanistischeren Verhalten führt, ist eine andere Frage. Das Begreifen dieser Vorgänge allein führt noch lange nicht dazu, dass wir bessere Menschen werden. Wir begreifen alle, dass wir nicht lügen sollen, weil dann z. B. unser Wirtschaftssystem nicht funktionieren würde, wir tun es aber trotzdem.

Würden wir es aber nicht seltener tun, wenn wir genau wüssten, wie sich derjenige, den wir belügen, fühlt?

Ich persönlich bezweifle es, dass das Wissen allein dazu ausreichen würde, vielmehr müssten wir vor allem bei der Erziehung ansetzen.

Ein anderer wichtiger Bereich der Gehirnforschung ist die Wahrnehmung und die Fähigkeit des Gehirns, die Wirklichkeit zu erkennen. Oft wird behauptet, dass unsere Wahrnehmung wenig objektiv, unzuverlässig und konstruktivistisch sei.

Die Wahrnehmung ist eben sehr zuverlässig, aber nur, wenn es um die Bewältigung von lebensnotwendigen Aufgaben geht. Unsere Kognition hat sich an die mesoskopische Welt angepasst, in der ganz bestimmte Gesetzmäßigkeiten gelten, die anders sind als z. B. auf der Quantenebene oder in kosmischen Dimensionen. Bei den Prozessen, die in unserer Welt stattfinden und für unser Überleben wichtig sind, handelt es sich um lineare Abläufe und Wechselwirkungen zwischen Objekten, die solide sind. Innerhalb dieser Prozesse funktioniert unsere Kognition sehr gut. Sie ist freilich interpretativ, wir wissen nicht, was sich hinter den uns zugänglichen Phänomenen in Wirklichkeit verbirgt, weil wir es sind, die die Attribute liefern, wir bestimmen, was die Objekte für uns sind. Es ist so, weil unser Gehirn so und nicht anders gebaut ist und dank dieser Konstruktion uns am besten helfen kann, in der Welt zurechtzukommen, in der wir uns entwickelt haben. Dafür hat das Gehirn Strategien entwickelt, die konstruktivistisch sind und auf das gespeicherte Vorwissen des einzelnen Individuums zurückgreifen. Daher wird jeder von uns die Welt etwas anders interpretieren und wahrnehmen, weil der Interpretationsrahmen, das Vorwissen und die kulturellen Differenzen von Mensch zu Mensch unterschiedlich sind. Deshalb können wir nicht davon ausgehen, dass die Welt hinter den wahrgenommenen Phänomenen so ist, wie es der hypothetischen, objektiven Natur der Dinge entspricht. Wir können darüber nichts aussagen, wir sehen die Welt nur so, wie sie uns erscheint und wie wir sie interpretieren.

Unser Gehirn hat sich aber innerhalb der für uns beobachtbaren Welt und ihrer Gesetzmäßigkeiten entwickelt. Wäre es also nicht denkbar, dass es eine immanente Fähigkeit besitzt, eben diese ihm so vertraute Welt vollständig zu erkennen?

Aber was ist diese Welt? Wir wissen, dass die für uns sichtbaren, uns als solide erscheinenden Objekte zusammengesetzt sind aus Bestandteilen, die wir lediglich mit bestimmten Begriffen beschreiben können, richtig sehen können wir sie nicht. Wir sprechen von Atomen, Elementarteilchen oder Wellenfunktionen, von probabilistischen Interaktionen oder von der Äquivalenz zwischen Materie und Energie – das zerrinnt uns aber alles zwischen den Fingern, sobald wir anfangen darüber nachzudenken, was das eigentlich sein könnte.

Das gilt sicherlich für das „nackte" Gehirn, das unfähig ist, in die Tiefe der sichtbaren Welt bzw. in die unendlichen Weiten des Universums zu blicken. Wir haben aber Instrumente und Hilfswerkzeuge entwickelt, die unseren Blick schärfen bzw. erweitern und uns möglicherweise dabei helfen, die wahre Natur der Dinge zu entdecken.

Diese Hilfswerkzeuge haben wir aber selbst entwickelt, und wir sind es, die die Messinstrumente ablesen. Wir stülpen unsere Sicht über die Welt. Auch wenn wir Mikroskope benutzen, setzen wir trotzdem unsere interpretativen Fähigkeiten ein, die durchaus idiosynkratisch sein können. Wir haben keine Garantie, dass die von uns für diese Welt entwickelte Logik, die uns einigermaßen schlüssige Konsequenzen nahelegt, absolut gültig ist. Objektive Abbildung der Welt ist gar nicht möglich, die Interpretation ist für das Gehirn die einzige Möglichkeit, die Wirklichkeit zu erfassen.

Die Menge an äußeren Reizen, die zur Entstehung der inneren Interpretation beitragen, macht im Verhältnis zu den inneren Verarbeitungsprozessen nur einen Bruchteil aus. Entsteht womöglich die Wirklichkeit tatsächlich zum größten Teil in unserem Kopf?

In der Schicht der primären Sehrinde, wo die Signale von den Augen ankommen, sind nur sechs Prozent der synaptischen Kontakte von Verbindungen, die von den Augen kommen, der Rest kommt von den intrakortikalen Verbindungen. Wenn wir nur die Zahl der Verbindungen betrachten, entsteht das innere Bild im Gehirn durch Kombination von Vorwissen mit dem, was von außen hereinkommt.

Wenn also in der Zukunft die Erschaffung einer perfekten virtuellen Wirklichkeit möglich sein wird, werden unsere Gehirne gar nicht mehr unterscheiden können, was real und was künstlich ist?

Das ist auch heute schon möglich. Wenn Sie sich vor eine große, langsam rotierende Scheibe stellen, die das gesamte Gesichtsfeld ausfüllt, dann werden Sie nach kurzer Zeit umfallen, weil das Gehirn beim Anblick der langsamen Rotationsbewegung sich nicht vorstellen kann, dass die ganze Welt sich dreht. Es wird es so interpretieren, als würden Sie selbst rotieren, Sie würden also Ausgleichbewegungen machen und infolgedessen umfallen. Heutzutage sind zum Beispiel Flugsimulatoren so realistisch gebaut, dass sie wirklich den Eindruck vermitteln, als würde man ein echtes Flugzeug fliegen. Man kann aber dieses Gefühl der echten Wirklichkeit durchbrechen, indem etwas unternommen wird, wodurch man merkt, dass die Wirklichkeit nicht so reagiert, wie sie eigentlich reagieren müsste.

Sie behaupten, das Gehirn könnte mit seiner höchst komplexen Struktur als ein geeignetes Modell z. B. für den Aufbau einer Gesellschaft dienen.

Ja. Dahinter steht die Idee, dass alle Systeme, die aus vielen aktiven Einzelelementen bestehen, die stark miteinander wechselwirken, bestimmte Eigenschaften gemeinsam haben. Solche Systeme sind hochkomplex – das Gehirn ist hier ein Paradebeispiel dafür –, sie sind aufgrund der Wechselwirkungen dynamisch, und diese Dynamik ist nicht linear. Genau die gleichen Eigenschaften weisen Wirtschafts-, Finanz- und Gesellschaftssysteme auf. Sie bestehen alle aus vielen miteinander gekoppelten Akteuren, und das Interessante an diesen Systemen ist die Tatsache, dass man sie nur schwer dirigistisch kontrollieren kann, geschweige denn steuern. Wenn man durch das Drehen einer Stellschraube eine Konstante verändert, dann ändert sich auch die gesamte Systemdynamik in eine Richtung, die man nicht voraussehen kann. Das beste Beispiel sind die Finanzsysteme, an denen sehr viel herumgebastelt wird, aber niemand kann wissen, was sich langfristig daraus entwickelt. Und dennoch tun wir so, als könnten wir solche Systeme lenken. Man muss hier auf das Prinzip der Selbstorganisation vertrauen, für deren Funktionieren man eine ganz bestimmte Systemarchitektur braucht, und diese finden wir eben im Gehirn. Dort gibt es keinen Dirigenten, der all die Abläufe koordiniert. Wir haben es hier mit einer Netzwerkarchitektur zu tun, in der es bestimmte besonders wichtige Knoten gibt, die untereinander sehr stark verbunden sind. Systeme, die so aufgebaut sind, haben die Tendenz, sich selbst zu stabilisieren, deshalb kann man den Vergleich mit dem Aufbau des Gehirns sehr wohl wagen und daraus Hinweise ableiten, wie z. B. Wirtschaftssysteme organisiert werden sollen, damit sie stabil bleiben.

Was ist dann der wichtigste Unterschied zwischen einer hierarchischen Struktur und einem System, das wie das Gehirn parallel aufgebaut ist?

Es ist die Möglichkeit für die einzelnen Komponenten oder Glieder des Systems, im lokalen Umfeld zu interagieren und das Verhalten zu optimieren, also nicht zu warten, bis irgendein Diktator von oben festlegt, was als Nächstes passieren muss. Solche Systeme sind zu kompliziert und nicht mehr überschaubar, und man kann sie nicht regulieren. Man muss denen, die von bestimmten Entscheidungen betroffen sind, die Regulation ihrer eigenen, lokalen Bedürfnisse überlassen. Dafür braucht man schon eine gewisse Hierarchie, die dafür sorgt, dass die lokale Entscheidung wieder in den nächst größeren Zusammenhang eingebettet wird. In unserer Demokratie wird dieses Prinzip natürlich zum Teil praktiziert, in diesem System ist viel von den beschriebenen Strukturen bereits implementiert.

Ist die Voraussetzung dafür nicht das Gefühl des Einzelnen, frei zu sein?

Der Einzelne muss verantwortlich sein. Er kann sich als Mitglied einer Gemeinschaft für diese, aber auch für sich selbst verantwortlich fühlen und anhand der jeweiligen Variablen, die ihm zur Verfügung stehen, und den moralischen Kriterien, die zum Teil anerzogen und zum Teil auch durch Einsicht erworben sind, sich so verhalten, dass die lokalen Bedingungen einigermaßen stabil bleiben. Wenn ich anfangen würde zu lügen und zu schwindeln, wäre ich für andere nicht interpretierbar, sodass diese ihr Verhalten nicht optimieren könnten – also darf ich das nicht tun. Genauso darf ich keine Reichtümer anhäufen, die eigentlich gerecht verteilt werden müssten, damit sie allen zugutekommen. Frei muss man dazu nicht sein. Man muss lediglich in der Lage sein, sich entsprechend den eigenen Einsichten zu verhalten.

Viele Menschen scheinen regelrecht Angst davor zu haben, dass die Gehirnforschung den Menschen irgendwann vollständig entzaubern würde. Glauben Sie, dass es wirklich dazu kommen könnte?

Solche Entzauberungsängste hatte es bereits oft gegeben. Wir haben die Kopernikanische Wende gut überstanden, sie war ja der erste Angriff auf unser narzisstisches Selbstverständnis. Wir haben die darwinistische Kränkung überstanden und auch die freudsche

Entdeckung, dass das Unbewusste vieles in uns festlegt, über das wir keine Kontrolle haben.

Bei dem Versuch, die Entzauberungsängste zu verstehen, taucht die Frage auf, ob wir mit den Erkenntnissen der Neurobiologie nicht eine endgültige Grenze erreicht haben, hinter der nur noch Neuronen und die reduktionistische Sicht der Dinge sind.

Aber uns bleibt doch noch genügend Platz für Metaphysik. Die Aussage, dass unsere psychischen Phänomene und mentalen Leistungen die Folge von neuronalen Prozessen sind, ist nur eine Erklärung dieser Phänomene. Wir wissen aber nach wie vor nicht, warum wir auf diesem Planeten sind, warum wir Kultur entwickelt haben, warum wir Kathedralen bauen und warum das alles überhaupt angefangen hat.

Haben Sie, als jemand, der persönlich für diese sogenannte „Entzauberung des Menschen" verantwortlich ist, selbst keine Angst davor?

Überhaupt nicht. Im Gegenteil – es fasziniert mich immer mehr.

Wie würde das „neue Bild des Menschen" nach über 15 Jahren seit dem Erscheinen Ihres Buchs aussehen?

Wir begreifen uns immer mehr als Teil des Lebendigen, sehen, dass wir uns von unseren nächsten Verwandten, den anderen Primaten, nicht grundsätzlich unterscheiden. Wir besitzen lediglich zusätzlich eine Reihe kognitiver Fähigkeiten, die für die Entwicklung der kulturellen Evolution zuständig waren. Wir sehen hier ein ganz neues Prinzip in der Evolution – die kulturelle Entwicklung folgt anderen Gesetzen als die biologische. Das ist der momentane Status quo; wir wissen weder, warum es so gekommen ist, noch, wohin es sich entwickeln wird. Wir haben also jede Menge Platz für Metaphysik.

Sie sind ja offensichtlich fasziniert von dieser Entwicklung, sowohl als Mensch als auch als Wissenschaftler. Bei vielen Menschen ist dies aber keineswegs der Fall, was möglicherweise der Grund dafür ist, dass wir heute in einer „Kultur der Verdrängung" leben – wie der Philosoph Thomas Metzinger einmal unsere Gesellschaft bezeichnet hatte. Er sieht zwei Möglichkeiten der weiteren Entwicklung: Entweder entsteht eine neue Art der Spiritualität – eine Spiritualität des Geistes –, die dann auch etwas Positives mit sich bringen könnte, oder aber der jetzige Zustand der Gesellschaft wird noch chaotischere Züge annehmen und aufgrund unserer Unfähigkeit, mit den neuen Erkenntnissen umzugehen, in der totalen Flucht in den Konsum oder sonstige Abhängigkeiten enden.

Es ist durchaus möglich, dass wir im Moment einen Umschwung erleben, ich glaube aber nicht, dass es die neurobiologischen Erkenntnisse sind, die die Menschen in dieses Konsumverhalten zwingen. Es sind sicherlich die kapitalistischen Wertesysteme dafür verantwortlich. Solange das Geldverdienen als ein hoher Wert angesehen wird, werden die Menschen dem nachgehen. Die neurobiologische Enttäuschung spielt dabei keine nennenswerte Rolle.

Bei diesem von Thomas Metzinger geprägten Begriff „Kultur der Verdrängung" stellt sich zwangsläufig die Frage, was verdrängen wir denn eigentlich?

Wir verdrängen unsere Endlichkeit. Sie ist der Hauptverdrängungsfaktor.

Dann wäre es tatsächlich nichts Neues, der Mensch hatte mit dieser Erkenntnis schon immer ein großes Problem. Sie fühlen sich also als Neurobiologe nicht schuldig, die Menschen an einen Grenzzaun geführt zu haben?

Nein, überhaupt nicht. Wir sprachen ja davon, dass dank der neurobiologischen Einsichten z. B. die Betrachtung von Fehlverhalten eventuell zu einer humanistischeren Behandlung von Straftätern führen und das Rechtssystem humanisiert wird, dass wir wahrscheinlich unsere Erziehungssysteme verbessern werden, dass wir zwischen Gut und Böse nicht mehr die moralischen Urteile fällen und mit mehr Verständnis an den Menschen herangehen werden. Nachdem die Neurobiologie nahegelegt hat, dass das Wissen so begrenzt ist – auch in den anderen naturwissenschaftlichen Vorgehensweisen –, wird eigentlich eher die Rechtfertigung für die Daseinsberechtigung metaphysischer Weltinterpretationen geliefert. Es ist eben nicht alles erklärbar.

Die Metaphysik ist aber für viele Menschen das Tor in die Spiritualität, die sich dann wieder in etwas Irrationales, in einen neuen Glauben verwandeln könnte.

Was wollen Sie aber jemandem antworten, der fragt, was vor dem Urknall war? Man wird die Antwort immer nur mit dem „Ich glaube" beginnen. Ohne diesen Zusatz kommen wir nicht weiter. Auch der Frage „Was hat die Evolution in Gang gesetzt?" können wir mit wissenschaftlichen Theorien begegnen, die besagen, dass es die Eigenschaft der Materie ist, komplexe Strukturen zu bilden. Wir wissen aber immer noch nicht, warum es so ist.

Sie können also als Neurobiologe dem Menschen auch nicht helfen, mit seinen „Grenzfragen" fertig zu werden?

Die Neurobiologie hat auch nie den Anspruch gehabt, diese Grundfragen beantworten zu können.

Die Angst vieler Menschen, auch mancher Vertreter der Wissenschaft, vor der Entzauberung des Menschen und des Lebens in der nächsten Zukunft u. a. durch die Gehirnforschung ist also völlig unbegründet?

Die Sicherheit, dass die geistigen Fähigkeiten des Menschen auf neuronalen Vorgängen beruhen, haben wir bereits erreicht, da müssen wir nicht noch auf die Erkenntnisse der nächsten Jahre warten. Wir wissen jetzt schon, dass da nicht irgendwelche magischen Kräfte auf die Nervenzellen einwirken, damit sie etwas Bestimmtes tun. Mich persönlich hat dieses Wissen aber überhaupt nicht beeindruckt.

Wie bringt man aber fast acht Milliarden Menschen dazu, mit diesen Erkenntnissen angstfrei zu leben und irgendwann einmal einen Punkt zu erreichen, an dem jeder sagen kann: „Das Leben – mein Leben – ist trotzdem wunderbar."?

Jeder muss selbst mit seiner Endlichkeit fertig werden. Das ist reine Metaphysik.

Dann ist es vielleicht wichtig, an diesem Punkt nochmal zu betonen, dass die Neurobiologie – mit Professor Singer als einem ihrer wichtigsten Vertreter – keine Angst vor der Entzauberung des Menschen hat, weil alles, was hinter dem jetzigen Stand der Wissenschaft immer noch im Verborgenen bleibt, schier unendlich ist.

Manche sagen sogar, dass in dem Maße, in dem wir Wissen erwerben, sich auch die Grenzen des Unbekannten ausweiten. Es ist so wie bei einem Luftballon – je mehr wir ihn aufblasen, umso größer wird seine Oberfläche. Es widerspricht natürlich diesem naiven Dualismus, dass es da neben uns eine unsterbliche Seele gibt, die nach dem Tod weiterlebt und in eine große Seelengemeinschaft aufgenommen wird. Wie viel Trost diese Vorstellung aber spenden kann, muss jeder Mensch für sich selbst entscheiden. Für mich ist das Auferstehungsszenario auch nicht besonders ermutigend.

Es ist ein schöner Abschlusssatz, obwohl das Ende vollkommen offen ist. Mit dieser Tatsache muss jeder – nach

wie vor – selbst fertig werden, unbeeinflusst von der Entwicklung der Gehirnforschung im Speziellen und dem Stand des heutigen Wissens im Allgemeinen.

Die Gehirnforschung kann, wie alle anderen Wissensdisziplinen, lediglich innerhalb ihrer eigenen Beschreibungssysteme mögliche Erklärungen liefern. Jenseits dieser Beschreibungssysteme sind keine Aussagen möglich. Aber es war doch immer schon so.

Die Kunst der Resignation

Franz Josef Wetz

....

Herr Wetz, hat das Leben einen Sinn?

Sinn ist eine unauffällige Konstante eines gelungenen Lebens. Ein Mensch, der Sinn empfindet, fragt erst gar nicht danach. Sinn ist selbstverständliches Gelingen. Das Leben hat im emphatischen Verständnis, d. h. bezogen auf ein letztes „Woher und Wohin", aus meiner Sicht keinen Sinn, sondern lediglich in der Art und Weise, wie wir etwas aus unserem Leben machen. Es gibt keinen Sinn hinsichtlich der letzten großen Fragen, es gibt ihn nur in Bezug auf die „vorletzten" Fragen. Diese beziehen sich auf Phänomene, die unser reales Leben ausmachen: eine gelungene Partnerschaft, Freundschaft, ein interessanter Beruf, ob ich genug zu essen und ein Dach über dem Kopf habe, ob ich Glücksmomente erlebe, ob Musik, Sport, Kultur oder Reisen in meinem Leben vorkommen. Kurz gesagt, alles, was für das diesseitige Leben von Bedeutung ist.

Sinnsuche scheint ein neues, „modernes" Phänomen zu sein, aber hat der Mensch nicht schon immer nach Sinn gesucht?

Der Begriff Sinn, verstanden als Sinn des Lebens, taucht erst in der Spätromantik auf. Davor wurde dieser Begriff zum einen als Sensus gebraucht, womit das Empfindungsvermögen unserer fünf Sinne gemeint ist, dann als eine bestimmte Fähigkeit oder Gabe – man hat Sinn für Musik oder Mathematik, fürs Angebrachte, d. h. ein Feingefühl oder Empathie usw., oder aber als Bedeutung von etwas, z. B. der Sinn der Worte. Der Begriff Sinn des Lebens oder der Welt tritt allerdings, wie gesagt, erst später auf, wird dann

z. B. von Nietzsche oft gebraucht und gewinnt um die Jahrhundertwende zwischen dem 19. und dem 20. Jahrhundert stark an Bedeutung. Das heißt aber nicht, dass die Menschen in früheren Zeiten sich die letzten Fragen „Woher? Wohin? Wozu?" nicht gestellt hätten. Allerdings waren früher diese Fragen für die meisten durch Religion beantwortet, man könnte sagen, dass die Antworten bereits vor den Fragen da waren. Die Frage nach dem Sinn bricht erst dann auf, wenn dieser fragwürdig wird.

Gesellschaftliche und wissenschaftliche Entwicklungen der letzten Jahrzehnte haben kontinuierlich dazu geführt, dass diese Antworten immer brüchiger wurden ...

Diese Entwicklung beginnt bereits Mitte des 19. Jahrhunderts, nach dem Ende des Deutschen Idealismus. Wir sehen es z. B. in der Kunst, wo die Harmonie und das schöne, geschlossene Weltbild zusammenbrechen. 1857 erscheint die „Die Blumen des Bösen" von Charles Baudelaire, in der Musik taucht der Tristan-Akkord von Richard Wagner auf, Dissonanz kehrt in die Musik ein, und die klassische Tonalität wird partiell außer Kraft gesetzt, bei einem Schüler von Hegel entsteht die „Ästhetik des Hässlichen". In Europa hält die Industrialisierung Einzug, es kommt zu Bevölkerungsexplosion und Massenverelendung, und die große Sinnsuche beginnt plötzlich an Bedeutung zu gewinnen. 1908 erscheint „Der Sinn und Wert des Lebens" des Literaturnobelpreisträgers Rudolf Eucken und kurz darauf „Der Untergang des Abendlandes" von Oswald Spengler. Dann kamen natürlich die beiden Weltkriege, danach der Kalte Krieg, jetzt haben wir die immer stärker werdende Auseinandersetzung zwischen dem Islamismus und der westlichen Kultur, dazu kommt noch die atemberaubende technologische Entwicklung. All das führt zu einer großen Orientierungslosigkeit, aus der sich die Sinnfrage speist.

Die „letzten" Fragen können jetzt nicht mehr beantwortet werden, weil Religionen oder andere metaphysische Konzepte sich mehr oder weniger überlebt haben. Sie schlagen

vor, dass wir uns mit Antworten auf die „vorletzten" Fragen begnügen, um das Leben sinnvoll erscheinen zu lassen. Sind wir als Gattung überhaupt schon imstande, ohne metaphysische Stützen zurechtzukommen?

Wir befinden uns als Menschheit in einer Übergangsphase. Grundsätzlich sind wir schon imstande, uns selbst die wichtigen Antworten zu liefern, und viele Menschen tun es auch. Es sind ohnehin die „vorletzten" Fragen, die unseren Alltag und unser Leben prägen. Die letzten Fragen, die mit Krisenerfahrungen wie Tod, Krankheit oder Verlassenheit einhergehen, tauchen an den Rändern unseres Lebens auf, wenn etwas schiefläuft, wenn wir an die Grenzen unseres Daseins stoßen. Sie können aber auch in den glücklichen Momenten des Lebens aufbrechen, wo wir für das Glücksgefühl und die Lebenszufriedenheit gerne einen Adressaten hätten, an den wir unsere Dankbarkeit richten könnten. Diese Fragen behalten insofern nach wie vor ihre Gültigkeit, es steht aber nicht mehr fest, dass sie religiös beantwortet werden müssen. Nicht selten kommen religiöse Menschen über den Tod eines nahen Angehörigen schlechter hinweg als manche Nichtgläubige. Es sind nicht immer nur die Antworten auf die letzten Fragen, die uns helfen, mit solchen Grenzerfahrungen umzugehen. Hier spielen auch andere Faktoren eine Rolle – die Veranlagung, die eigene Biografie, welchen Beistand ich von anderen Menschen erfahre und vieles mehr. Die vorletzten Fragen genügen aber, um uns das Gefühl eines sinnvollen Lebens im Hier und Jetzt zu vermitteln.

Aber in der „beschleunigten und entfremdeten" Moderne ist es für die meisten von uns alles andere als leicht, in der Auseinandersetzung mit den vorletzten Fragen die innere Ruhe und das Sinngefühl zu finden?

Es ist in der Tat schwierig, in der heutigen schnelllebigen Welt heimisch zu werden. Aber trotzdem richten wir uns hier ein, in der immer schneller werdenden Globalisierung bilden sich gleichzeitig kompensatorisch Nischen der Verlangsamung, in der Welt der wachsenden Entfremdung und Beschleunigung entstehen auch immer Inseln der Langsamkeit und Gemütlichkeit, in denen wir zu Hause sein können, wie etwa beim Sport, Wandern, Reisen, Lesen, Musizieren und Musikhören, bei der Gartenarbeit, daheim beim Wohnen. Die besonders in den Großstädten sichtbare, uns zersetzende Geschwindigkeit des Lebens wird in vielen Bereichen des Privaten aufgefangen und in ihren Folgen abgemildert. Wir halten mehr an Gewohnheiten und Routinen fest und bekommen dadurch das Gefühl von Sicherheit. Ein Symptom dieser Entwicklung ist z. B. eine geringere Experimentierbereitschaft mit der Sexualität, als es in den 1970er Jahren der Fall war.

Die große Verheißung der Aufklärung, durch Wissen mehr Macht, Sicherheit und Glück zu erlangen, ist nicht ganz in Erfüllung gegangen. Wissenszuwachs lässt immer weitere Fragen entstehen, was die Suche nach Antworten zu einer Daueraufgabe macht und uns niemals zur Ruhe kommen lässt ...

Das hat bereits Salomon im Alten Testament gesagt: „Wer das Wissen vermehrt, vermehrt auch den Schmerz." Diese Erkenntnis zieht sich durch die ganze Geistesgeschichte hindurch. Wir werden durch Wissen niemals ein wie auch immer definiertes endgültiges Ziel erreichen, außerdem bringen Erkenntnisse oft große Kränkungen mit sich, darauf hat bereits Freud aufmerksam gemacht, das klassische Beispiel hierfür ist Kopernikus, der das geozentrische Weltbild durch das heliozentrische ersetzte. Das kontemplative Glück der Betrachtung, von dem Schopenhauer gesprochen hat, ist durch die Erkenntnisse der modernen Wissenschaften also nicht mehr möglich, es ist höchstens noch im ästhetischen oder künstlerischen Sinne erfahrbar. Wir können uns vielleicht damit begnügen, das Wissen, wie Bacon sagte, als „Mittel zum Glück" zu betrachten. Wir können uns durch Erkenntnisse die Natur erschließen und sie zum Teil nachahmen und uns untertan machen, was uns dann in Form von technischem Fortschritt zum glücklicheren Leben verhilft. Das gelingt uns auch schon relativ gut, die

Kehrseite dieser Entwicklung ist aber, dass uns der Segen der Erkenntnis an vielen Stellen zum Fluch geworden ist, dafür stehen z. B. die uns über den Kopf wachsende Problematik der Umweltzerstörung, die ethischen Fragen in den Bereichen der Humangenetik oder der KI oder der Missbrauch des Wissens in der Rüstungsindustrie.

Der berühmte amerikanischer Physiker Steven Weinberg, Autor des Bestsellers „Die ersten drei Minuten", sagte einmal: „Je begreiflicher uns das Universum wird, umso sinnloser erscheint es auch ..." Es ist beileibe keine unbedeutende Erkenntnis für den Menschen, Sie behaupten aber, dass die Kränkungen, die uns die Wissenschaften zugefügt haben, nicht das eigentliche Problem sind ...

Richtig, das eigentliche Problem sind die ursprünglichen Erwartungen, die durch die Kränkungen enttäuscht wurden. Die modernen Atheisten, wie z. B. Nietzsche und viele moderne Philosophen, sahen nach der Verkündung von Gottes Tod das Weltall als grausam und ohne einen höheren Sinn an. Demgegenüber standen die griechischen Atomisten, z. B. Demokrit oder Lukrez, die sich die Welt als einen leeren Raum und aus kleinsten Teilchen zusammengesetzte Materie vorstellten. Diese empfanden das Ganze nicht als sinnlos. Das ließ bei mir die Frage aufkommen, wie die alten Philosophen die Selbstgenügsamkeit der Welt bewundern konnten, ohne ihr einen höheren Sinn zuzuschreiben. Meine Antwort ist: Die Atomisten hatten nicht die monotheistischen Religionen, in erster Linie das Christentum, gekannt ...

Waren es nicht gerade diese Religionen, die die Vorstellung eines höheren Sinns entwickelt und sie den Menschen zur Verfügung gestellt haben?

Darin liegt das eigentliche Problem, damit wurden Erwartungen in die Welt gesetzt, die durch die Erkenntnisse der Moderne enttäuscht wurden. Aus dieser Enttäuschung heraus entwickelte sich eben das Gefühl der um sich greifenden Sinnlosigkeit der Gegenwart. Es ist vergleichbar mit der Situation eines jungen, mit dem Leben rundum zufriedenen Menschen, der sich plötzlich Hals über Kopf verliebt. Sobald die glücksbringende Beziehung zerbricht, wird es für ihn nicht mehr ohne weiteres möglich sein, zu dem ursprünglichen Zustand der Lebenszufriedenheit zurückzukehren. Das Leben „danach" wird eine Zeitlang von den aufgebauten Erwartungen stark beeinflusst, der Mensch beurteilt seine Wirklichkeit im Lichte der Enttäuschung, die wie dunkle Wolken über seinem Leben hängt, und es braucht viel Zeit, bis sich die nicht erfüllten, aber immer noch „aktiven" Erwartungen nach und nach abbauen.

Es stellt sich aber die Frage, ob außer den Atomisten auch die meisten andern Menschen damals schon völlig frei von Erwartungen waren, egal ob auf den Alltag bezogen oder die letzten Fragen betreffend?

Sicherlich hatten auch die meisten Menschen von damals Erwartungen, die von ihren jeweiligen Religionen und Weltbildern herrührten. Diese wurden aber von den Erkenntnissen der griechischen Philosophen nicht in solch einem hohen Maße enttäuscht und zerstört, wie es die Moderne mit den Erwartungen des heutigen Menschen getan hat. Hier ist für mich der Unterschied zwischen den Begriffen „sinnlos" und „sinnfrei" von großer Bedeutung. Im Wort „sinnlos" steckt der Vorwurf der Enttäuschung, er resultiert aus der ursprünglich aufgebauten hohen Erwartung. Wenn ich aber erst gar nicht solche Erwartungen entwickelt habe, dann erscheint die Wirklichkeit um mich herum als „sinnfrei", d. h. relativ neutral und wertfrei, sie ist einfach da. Und dann kann ich mich hinstellen, die Welt wahrnehmen und einfach nur staunen, den gestirnten Himmel nicht als eine Leichengruft wahrnehmen, sondern ihn einfach betrachten und bewundern.

Den Sternenhimmel zu betrachten und dabei zu staunen, kann ein wunderbares, vielleicht ein mystisches Erlebnis

sein, allerdings ist es ohne eine konkrete Vorstellung davon, „wozu das Ganze, was steckt dahinter, was kommt danach?" auf Dauer für die meisten Menschen eher unbefriedigend, wenn nicht gar deprimierend oder angsteinflößend ...

Daher ist es sehr wichtig, die Erwartungen in Bezug auf all das zu korrigieren oder fallenzulassen, worauf wir keinen Einfluss haben, was sich grundsätzlich nicht ändern lässt, und sich auf das zu konzentrieren, was im wirklichen Leben möglich ist. Anstatt nach dem Lebenssinn zu fragen, sollten wir uns z. B. für gerechtere Verhältnisse in der Welt einsetzen. Das haben auch die frühen Existenzialisten wie Sartre betont, die in erster Linie im sozialen Engagement den wichtigsten Weg zum Glück sahen. Der Philosoph Richard Rorty wies darauf hin, dass wir bei dem Einsatz für die Allgemeinheit auch unser Privatleben nicht gänzlich vergessen dürfen. Er plädierte dafür, im öffentlichen Leben gegen Grausamkeit und Ungerechtigkeit zu kämpfen und im privaten Bereich so ästhetisch zu leben, wie es nur möglich ist. Wir sollten schon versuchen, beiden Lebensbereichen gerecht zu werden, gleichzeitig aber auch die Illusion aufgeben, dass sich beide widerspruchslos versöhnen ließen.

Sie sagen aber, in Anlehnung an den Theologen Franz Overbeck, dass nur wenige Menschen imstande seien, sich mit der Idee der Sinnlosigkeit der Welt abzufinden und jemals die Kraft finden würden, ihre wichtigsten Erwartungen aufzugeben ...

Wir bewegen uns in der westlichen Welt auf einen Zustand zu, den ich „das Experiment einer Gesellschaft ohne Gott" nenne. Eine so starke Abkehr des Menschen von der Religion hat es in der Geschichte noch nie gegeben. Trotz aller Esoterikangebote und Ersatzreligionen, wie z. B. Sport, Essen oder Gesundheit, leben heute doch immer mehr Menschen in Westeuropa religionsfern, wobei nicht jede Beschäftigung mit den Angeboten der modernen Welt die Funktion einer Ersatzreligion haben muss. Nicht jeder,

der Freude an seinem Auto hat, vergöttert es automatisch, nicht jeder Fan einer Fußballmannschaft hat den Sport zu einer Religion erhoben. Menschen suchen häufig nur nach Erregung, Erlebnisintensität, nach der Euphorie gemeinsamen Tuns.

Die Suche nach den Antworten auf die „vorletzten" Fragen führt aber eher dazu, dass jeder sich selbst für das eigene Glück verantwortlich fühlt und die Menschen dadurch immer einsamer werden. Der Neurobiologe und Psychiater Manfred Spitzer sieht in der Einsamkeit „die häufigste und gefährlichste Krankheit der Moderne" ...

Die modernen Gesellschaften sind grundsätzlich sehr individualistisch ausgerichtet, das Gemeinschaftliche tritt immer mehr in den Hintergrund. Daseinsverantwortung und Existenzvorsorge liegen heute überwiegend in der Hand des Einzelnen, Eigeninitiative und individuelle Selbstbestimmung sind angesagt, das schlägt sich z. B. auch in der Gesetzgebung nieder, die immer mehr Rechte Menschen einräumt, die früher ausgeschlossen oder auf die Hilfe der Allgemeinheit angewiesen waren. Das Individuum ist mehr denn je seines Glückes Schmied, es wird aber auch mit seinem eigenen Glück belastet. Die Freiheit der Selbstbestimmung ist ohne Frage etwas Wertvolles und Begrüßenswertes, dass damit aber auch Überforderung und Einsamkeit des Einzelnen einhergehen, das wird teilweise gar nicht angemessen wahrgenommen.

Als Lösung des Dilemmas plädieren Sie für die „Kunst der Resignation". Worauf bezieht sich diese Resignation, worauf sollen wir verzichten?

Mit dem Begriff Resignation meine ich nicht das Aufgeben oder die Verzweiflung angesichts der Sinnlosigkeit des Lebens. Es ist die Kunst, mit einer Lebenswirklichkeit fertig zu werden, in der wir keine metaphysische Rückendeckung mehr bekommen und unser Leben aus eigener Verantwortung heraus führen müssen. Es ist die Fähigkeit, Maß zu halten in Bezug auf die Erwartungen an das Leben, diese Erwartungen realistischer zu gestalten.

Also Kunst der Genügsamkeit?

Das trifft es tatsächlich noch genauer. Man könnte es auch als eine Grundhaltung der kosmischen Bescheidenheit bezeichnen, mit der wir uns als Lebewesen unter vielen anderen mit unserem Dasein in dem unermesslichen Universum und mit unserer Vergänglichkeit viel besser abfinden können. Es ist vernünftig zu akzeptieren, dass die Naturgesetze auch für uns gelten. Niemand ist unsterblich. Alle materiellen Dinge dieser Welt und auch alle anderen Lebewesen werden früher oder später nicht mehr da sein, warum sollte dieses Gesetz bei einer Marktverkäuferin aus Recklinghausen oder einem x-beliebigen anderen Menschen außer Kraft gesetzt sein?

Solange der Mensch aber aus sich selbst heraus keinen Sinn des Lebens entwickeln kann, wird er Zuflucht zu sinnvermittelnden Modellen der Wirklichkeit brauchen ...

Diese Kraft der inneren Sinngebung ist natürlich etwas Erstrebenswertes. Solange der Mensch aber immer noch nicht so weit ist, werden wir viele äußere Sinnmodelle zulassen müssen, weil höher als die Wahrheit die Frage steht, ob und wie es sich mit ihr leben lässt. Und wenn die Wahrheit unerträglich ist, dann darf man auch gelegentlich mal Urlaub von ihr machen und sich an Illusionen ausruhen. Wenn ein Mensch ein alternatives Sinnmodell für sich findet, das er unbedingt zum Leben braucht, und dieses ihm auch noch eine Art Anschlusskraft vermittelt, dann soll er es auch leben dürfen. Wenn man aber für sich durchschaut, dass es sich um eine Illusion handelt, dass es nur ein Placebo ist, dann hört dieses Modell auf zu wirken. Ab diesem Moment kann man an einen nicht existenten Gott oder an ein als Trugbild erkanntes Sinnmodell auch mit dem stärksten Argument seiner dringlichen Benötigung nicht mehr appellieren.

Wenn der Mensch erkennt, dass es da draußen nichts gibt und dass der Kosmos und das ganze Leben ihn „nicht ernst nehmen", so bleibt ihm also als der einzige Ausweg, sich selbst wichtig zu nehmen. Wie soll er das anstellen?

Es führt uns zurück zu der Frage: Wie kann ich meinem Dasein einen für mich bejahenswerten Sinn geben? Zum Glück ist uns der Wert unseres eigenen Lebens bereits biologisch mitgegeben in den Mechanismen der Selbsterhaltung, die auf der einfachsten Ebene dafür sorgen, dass die Frage, warum wir leben sollen, sich gar nicht erst stellt. Camus behauptete, dass es philosophisch gesehen nur ein Problem gebe, nämlich den Selbstmord, d. h. die Frage, warum soll ich angesichts der Sinnlosigkeit des Ganzen überhaupt am Leben festhalten. Ich finde diese Frage merkwürdig und falsch. Die meisten von uns stellen sich diese Frage gar nicht, und zwar nicht deshalb, weil wir eine befriedigende Antwort auf sie gefunden haben, sondern weil die Natur in uns die wirkende Kraft ist, die uns unser Leben als etwas implizit Wertvolles empfinden lässt. Es wird zwar immer wieder durch die Erfahrung der eigenen Unzulänglichkeit, der Nichtigkeit, aber auch durch Infragestellung durch andere Menschen konterkariert, es ist also ein ständiger Kampf zweier entgegengesetzter Kräfte. Der Mensch nimmt sich aber grundsätzlich aus eigenem Antrieb ernst. Diese Einstellung ist unserer Natur und dem Bedürfnis nach Selbstachtung gewissermaßen eingeschrieben. Den Weg dahin muss aber in der hoch individualisierten und liberalen Welt jeder für sich finden.

Am besten in einem Gleichgewicht zwischen persönlicher Freiheit und dem Zustand einer harmonischen Verbundenheit mit der Gesellschaft …

Wir sind aber nie ganz ausgewachsen, im Sinne eines reifen und freien Individuums, und auch nicht ganz eingebettet in die uns umgebenden gesellschaftlichen Strukturen, sodass dieses Gleichgewicht höchstens nur phasenweise erlebt wird und wir uns immer wieder aufs Neue auf die Suche begeben müssen. Vielleicht rührt daher die menschliche Grunderfahrung, die auch in der religiösen Vorstellung enthalten ist, dass wir „Menschen Wanderer auf Erden sind und nirgendwo so wirklich zu Hause sein werden". Auch philosophisch betrachtet muss der Mensch, als ein Kultur schaffendes Wesen, sich ständig um seine Heimat kümmern, kommt dabei aber nie so richtig irgendwo an. Dies kommt sehr eindrücklich in dem Beerdigungslied zum Ausdruck: „Wir sind nur Gast auf Erden und wandern ohne Ruh, mit allerlei Beschwerden der ewigen Heimat zu." Hier sind wieder die „vorletzten" Fragen wichtig, die sich um das vorübergehende Ausruhen auf der Wanderschaft durch das unsichere und beschwerliche Leben drehen. Dabei geht es immer auch um die Bewältigung einer Doppelaufgabe: um Entfaltung der eigenen Freiheit auf der einen Seite und Geborgenheit oder Heimischwerden im gesellschaftlichen Gefüge auf der anderen.

Wird das technologische und medizinische Streben nach Erkenntnis, Gesundheit und längerem Leben uns zu gottähnlichen Wesen aufsteigen lassen, wie der israelische Historiker Harari in seinem Buch „Homo Deus" behauptet?

Persönlich halte ich diese Idee für allzu schönfärberisch, ich glaube nicht daran. Wir sollten lieber versuchen, der eigenen Endlichkeit und Unzulänglichkeit eingedenk und bewusst, die vorletzten Fragen halbwegs zufriedenstellend zu beantworten. D. h. auf der einen Seite herausfinden, wer wir als Individuen sind und was wir sein möchten, was uns wichtig ist und wie wir die persönlichen Interessen realisieren können. Dabei sollten wir aber auch die Gemeinschaft, in die wir eingebettet sind, im Blick behalten, politisches Bewusstsein entwickeln und verstehen, dass man in einer Gesellschaft nur dann im vollen Umfang dazugehören kann, wenn man sich für sie mitengagiert. Kurz gesagt sollten wir versuchen, ein maßvolles Leben zu führen, nur darin sehe ich die größte Möglichkeit, ein halbwegs sinnvolles und glückliches Lebensgefühl zu erreichen.

Und die letzten Fragen – bleiben sie für den Menschen für immer unbeantwortet?

Wenn die Schicksalsfragen an unsere Tür klopfen, können wir uns nur wünschen, dass wir – ob religiös gebunden oder frei von derartigen Vorstellungen – die nötige Geduld und Ergebenheit dafür entwickeln, diese in einer für uns erträglichen und hilfreichen Form zu meistern. Mit meinem Konzept werden wir die letzten Fragen nie zufriedenstellend beantworten können. Es kommt aber auch nicht darauf an, denn viel wichtiger als solche Antworten ist die Überlegung, wie wir mit diesen Situation umgehen. Reagieren wir mit Heiterkeit und Gelassenheit oder mit Schwermut und Melancholie? Beide Reaktionen sind, verglichen z. B. mit absoluter Verzweiflung oder Verdrängung, zwei verschiedene Formen des Gelingens im Umgang mit schweren Schicksalsschlägen. Am Ende wird es immer darum gehen, dass wir mit Konflikten und Problemen konfrontiert werden, für die es keine fertigen Bewältigungsstrategien gibt. Das heißt aber nicht, dass wir uns in diesen schwierigen Lebenslagen nicht arrangieren können. Wir leben, mit Descartes gesprochen, in Provisorien, wir leben nicht in Schlössern, sondern in Hütten. Und wer in einem Provisorium lebt, der muss, um das Leben meistern zu können, improvisieren können und darf nicht auf endgültige Lösungen hoffen.

ZU DEN BEITRÄGERN

Bieri, Peter – geb. 1944, lehrte als Professor für Philosophie in Bielefeld, Marburg und in Berlin. Autor populärwissenschaftlicher Bücher: *Das Handwerk der Freiheit; Eine Art zu leben; Wie wollen wir leben?* 2014 erhielt er den Tractatus-Essaypreis. Als Pascal Mercier schrieb er die Romane *Nachtzug nach Lissabon,;Perlmanns Schweigen; Der Klavierstimmer; Das Gewicht der Worte* und die Novelle *Lea.*

Bleisch, Barbara – wurde in Philosophie promoviert und ist Mitglied des Ethik-Zentrums der Universität Zürich. Seit 2010 moderiert sie die Sendung „Sternstunde Philosophie" beim Schweizer Radio und Fernsehen SRF. Von 2017 bis 2019 war sie akademischer Gast am Collegium Helveticum. 2018 erschien ihr Buch *Warum wir unseren Eltern nichts schulden*, im April 2020 erscheint ihr neues Buch *Kinder wollen.*

Bude, Heinz – geb. 1954. Seit 2000 Lehrstuhl für Makrosoziologie an der Universität Kassel. Von 1997 bis 2014 Leiter des Bereichs „Die Gesellschaft der Bundesrepublik" am Hamburger Institut für Sozialforschung. Zuletzt hat er u. a. veröffentlicht *Gesellschaft der Angst (2014); Das Gefühl der Welt. Über die Macht von Stimmungen (2016); Adorno für Ruinenkinder. Eine Geschichte von 1968 (2018); Solidarität. Die Zukunft einer großen Idee (2019).* Mehr unter: www.heinzbude.de

Esch, Tobias – Allgemeinmediziner und Neurowissenschaftler. War u. a. an der Harvard University und Charité Berlin tätig. Bis 2015 Professor an der Hochschule Coburg, Visiting Professor an der Harvard Medical School und Research Associate in New York. Lehrstuhlinhaber und Prodekan an der Universität Witten/Herdecke. Autor von über 200 wissenschaftlichen Artikeln, zahlreichen Büchern und Beiträgen. Aktuelle Fachbücher: *Der Selbstheilungscode; Die Neurobiologie des Glücks.*

Hurrelmann, Klaus – Sozialwissenschaftler, lehrte an den Universitäten Essen und Bielefeld. Seit 2009 an der Hertie School of Governance in Berlin. Autor zahlreicher Lehrbücher, u. a. *Einführung in die Sozialisationstheorie; Lebensphase Jugend; Social Structure and Personality Development; Human Development and Health; Socialisation During the Life Course; Handbuch Gesundheitswissenschaften.* Autor mehrere Kinder- und Jugendstudien.

Klotter, Christoph – Ernährungspsychologe und Psychologischer Psychotherapeut, seit 2001 Professor an der Hochschule Fulda im Fachbereich Ökotrophologie. Autor u. a. folgender Publikationen: *Einführung in die Ernährungspsychologie; Warum wir es schaffen, nicht gesund zu bleiben; Männergruppen – Politsex – Entgrenzung. Zu den Folgen der 68er Revolte.*

Neiman, Susan – Direktorin des Einstein Forums. Geboren in Atlanta, studierte Philosophie in Harvard und Berlin. Bis 2000 Professorin für Philosophie an den Universitäten Yale und Tel Aviv. Autorin u. a. von *Das Böse denken; Fremde sehen anders. Zur Lage der Bundesrepublik; Moralische Klarheit; Warum erwachsen werden? Eine philosophische Ermutigung; Von den Deutschen lernen.*

Nolting, Hans-Peter – Pädagogischer Psychologe, beschäftigt sich seit Jahrzehnten mit Aggression und Gewalt. Langjährige Lehrtätigkeit als Dozent an der Universität Göttingen. Autor vieler Fachbücher, u. a. das Standardwerk *Lernfall Aggression; Störungen in der Schulklasse; Psychologie lernen; Psychologie der Aggression; Abschied von der Küchenpsychologie.*

Rosa, Hartmut – geb. 1965, Soziologe, Professor an der Uni Jena, Direktor des Max-Weber-Kollegs in Erfurt. Lehrte an den Universitäten Augsburg, Duisburg-Essen, in New York und in Paris. Langjähriger Herausgeber von *Time & Society.* Preisträger mehrerer Forschungspreise. Leiter mehrerer Forschungsprojekte und Autor zahlreicher Bücher, u. a. *Resonanz; Beschleunigung; Identität und kulturelle Praxis; Soziologische Theorien.*

Schulte-Markwort, Michael – Ärztlicher Direktor der Klinik für Kinder- und Jugendpsychiatrie, -psychotherapie und -psychosomatik am Universitätsklinikum Hamburg-Eppendorf, Supervisor der Praxis Paidion. Führender Experte für die Auswirkung aktueller Entwicklungen auf Kinder, Co-Autor vieler medizinischer Fachbücher und Autor von Sachbüchern, u. a. *Burnout-Kids; Superkids; Familienjahre; Kindersorgen.*

Singer, Wolf – geb. 1943, Neurophysiologe und Hirnforscher, gehört zu den weltweit bedeutendsten Neurowissenschaftlern, seine Befunde gelten als Klassiker. Direktor Emeritus am Max-Planck-Institut für Hirnforschung, Senior Fellow am Ernst Strüngmann Institute (ESI) for Neuroscience. Autor unzähliger wissenschaftlicher Arbeiten und vieler Sachbücher, u. a. *Ein neues Menschenbild?; Hirnforschung und Meditation; Jenseits des Selbst.*

Spitzer, Manfred – geb. 1958, Psychiater und einer der bedeutendsten deutschen Gehirnforscher. Er leitet die Psychiatrische Universitätsklinik in Ulm und das TransferZentrum für Neurowissenschaften und Lernen. Autor zahlreicher Bücher, darunter *Lernen; Vorsicht Bildschirm!; Digitale Demenz; Cyberkrank; Einsamkeit.* 2004 bis 2013 moderierte er die Sendereihe „Geist & Gehirn" auf Bayern Alpha.

Spork, Peter – geb. 1965, ist promovierter Neurobiologe und arbeitet seit 1991 als freier Journalist (u. a. *Die Zeit, NZZ, Geo, FAZ*). Er zählt zu den „führenden Wissenschaftsautoren hierzulande" (*DLF*). Seit 2010 gibt er den *Newsletter Epigenetik* heraus, seit 2018 das Online-Magazin *Erbe&Umwelt (RiffReporter.de)*. Seine Sachbücher (u. a. *Der zweite Code; Wake up!; Gesundheit ist kein Zufall*) wurden vielfach übersetzt.

Welzer, Harald – geb. 1958, Direktor von *Futurzwei – Stiftung Zukunftsfähigkeit,* Professor für Transformationsdesign an der Universität Flensburg, lehrt auch an der Universität St. Gallen. Autor vieler Bestseller, u. a. *Opa war kein Nazi; Täter; Soldaten; Selbst denken; Autonomie. Eine Verteidigung; Die smarte Diktatur; Wir sind die Mehrheit; Alles könnte anders sein.*

Wetz, Franz Josef – geb. 1958, Professor für Philosophie an der Pädagogischen Hochschule in Schwäbisch Gmünd, Mitglied des Wissenschaftlichen Beirats der Giordano-Bruno-Stiftung und philosophischer Berater der Ausstellung „Körperwelten". Autor mehrerer Sachbücher, u. a. *Die Kunst der Resignation; Illusion Menschenwürde; Baustelle Körper; Rebellion der Selbstachtung; Keine Liebe ohne Lüge; Exzesse; Tot ohne Gott.*

NACHWEIS

Die folgenden Interviews erschienen zum ersten Mal in der polnischen Monatszeitschrift „Charaktery", dem größten und ältesten Psychologiemagazin in Polen:

Bieri, Peter – „Wie wollen wir leben?", Charaktery 8/2017

Bleisch, Barbara – „Warum wir unseren Eltern nichts schulden?", Charaktery 10/2019

Esch, Tobias – „Die Neurobiologie des Glücks", Charaktery 3/2018; Psychologie und Leben 1/2018

Hurrelmann, Klaus – „Jugendliche verstehen", Charaktery 8/2019; Psychologie und Leben 3/2018

Klotter, Christoph – „Die neue Esskultur", Charaktery 6/2019; Psychologie und Leben 1/2019

Neiman, Susan – „Warum erwachsen werden?", Charaktery 4/2019

Nolting, Hans-Peter – „Abschied von der Küchenpsychologie", Charaktery 4/2018

Rosa, Hartmut – „Beschleunigung und Entfremdung", Charaktery 2/2019; Psychologie und Leben 1/2019

Schulte-Markwort, Michael – „Burnout-Kids", Charaktery 12/2016

Singer, Wolf – „Das neue Menschenbild", Charaktery 11/2014

Spitzer, Manfred – „Digitale Demenz", Charaktery 11/2013

Spork, Peter – „Der zweite Code – Epigenetik", Charaktery 8/2017

Thesenstark und unterhaltsam

288 Seiten
Klappenbroschur
ISBN 978-3-451-60087-6

Alles nur Einbildung? Oder wie wirklich und überlebenswichtig ist
die Imagination? Fred Mast nimmt seine Leser mit auf eine spannende Reise durch die Wunderwelt unseres Gehirns und dessen
Fähigkeit zur Imagination. Von der Psychophysik des Alltagslebens
über mentale Repräsentationen, von den Verirrungen der Imagination bis hin zur Frage, ob auch Maschinen Fantasie haben: Fred
Mast gelingt ein einzigartiges Buch über die Macht der Imagination, unseren evolutionären Jackpot. Wissenschaftlich fundiert und
hervorragend geschrieben.

In jeder Buchhandlung!

HERDER

www.herder.de

Über die Bedeutung der Liebe

Anselm Grün
Gerald Hüther
Maik Hosang
Liebe
ist die einzige
Revolution

HERDER

176 Seiten
Klappenbroschur
ISBN 978-3-451-60071-5

Ist Liebe Verliebtsein? Ist Liebe ein Gefühl? Beides ist sie und doch viel mehr: Sie ist der wahre Grund unseres Seins. Der Neurobiologie Gerald Hüther, der Philosoph Maik Hosang und der Theologe Anselm Grün nähern sich der Liebe aus unterschiedlichen Perspektiven. Sie zeigen, welche grundlegende Bedeutung sie für die Menschheit hat und welche sozialen, wirtschaftlichen und kulturellen Innovationen aus ihr hervorgegangen sind. Spannende Thesen, die Mut machen.

In jeder Buchhandlung!

HERDER

www.herder.de